땡큐한글 첫걸음

한국어 한글 I

HANGUL, C... ABET

(따다 발하기)

땡큐한글 도서출판 영상복음

한국어 소리글 I

Hangul, Correct Phonetic Alphabet

(따라 말하기)

2024년 2월 24일 발행

최득원, 김완모 공저
이메일 : ophirgoldgroup@yahoo.com

발행인 : 최득원
발행처 : 도서출판 영상복음
　　　　서울시 종로구 사직로6길 16
등　록 : 제851-32-00356호
전　화 : 02-730-7673 / 010-3949-0209
팩　스 : 02-730-7675
사무실 : 서울시 중구 을지로18길 12 (을지로 3가)
이메일 : korpicbible@gmail.com
누리집 : www.thankyouhangul.com

전자책 : $ 10 US
정　가 : 12,000원
ISBN 978-89-94945-81-1

국민은행 : 675201-00-008652 (예금주 오영희)

King Sejong (Korean: 세종대왕, 1397~1450)

4th ruler of the Joseon dynasty of Korea and the inventor of Hangul, the native Korean alphabet

Contents

Part Two - Improving Your Korean by Singing along Favorite Korean Hymns

Index of Titles and First Lines (영어 찬송가 차례)

The 28 original basic letters invented in 1443
(in historical alphabetic order)

Part One - The Very Beginning of Korean Alphabet

1부 - 한글 공부 맨 처음

1. Korean Alphabet - Hangul[Hangeul]

Modern Korean alphabet has 14 Basic Consonants and 10 Basic Vowels (Figure 1). Along with these, 5 Tense Consonants, 11 Compound Consonants & 11 Diphthongs are used. 51 letters in total (Table A1, A2 & A3).

(a) **14 Basic Consonants & 5 Tense Consonants**

Figure 1. Modern Korean Alphabet

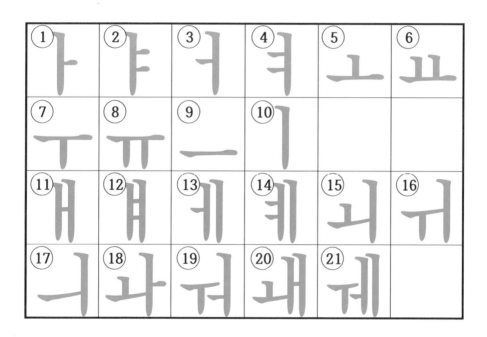

(b) **10 Basic Vowels & 11 Diphthongs**

2. Name and Sound of Korean Consonants & Vowels

Name and sound of Korean Basic Consonants are listed in Table 1, and Korean Vowels (Basic & Diphthongs) are named after their sound (Table 2). Unique one sound for each of the 51 letters.

Table 1. 14 Korean Basic Consonants

Consonant	14 Basic Consonants (기본자음) [Single Consonants (단자음)]						
	ㄱ	ㄴ	ㄷ	ㄹ	ㅁ	ㅂ	ㅅ
Name (Hangul)	기역	니은	디귿	리을	미음	비읍	시옷
Name (Romanized)	gi-yeok	ni-eun	digeut	ri-eul	ni-eum	bi-eup	s(h)i-ot
Romanization Equivalent	g	n	d	r	m	b	s

* Mute, Placeholder

Table 2. 10 Korean Basic Vowels

Vowel	10 Basic Vowels (기본모음, 단모음)				
Name & Romanization Equivalent	ㅏ *	ㅑ **	ㅓ *	ㅕ **	ㅗ *
	a	ya	eo	yeo	o

* Simple Vowels
** Iotized Diphthongs

14 Basic Consonants (기본자음) [Single Consonants (단자음)]

ㅇ*	ㅈ	ㅊ	ㅋ	ㅌ	ㅍ	ㅎ
이응	지읒	치읓	키읔	티읕	피읖	히읗
i-eung	ji-eut	chi-eut	ki-euk	ti-eut	pi-eup	hi-eut
silent	j	ch	k	t	p	h

10 Basic Vowels (기본모음, 단모음)

ㅛ**	ㅜ*	ㅠ**	ㅡ*	ㅣ*
yo	u	yu	eu	i

3. Hangul Writing

Normally writing in Korean is done through syllables. On the contrary, English and other European languages run in a mode of left-to-right horizontal writing letter by letter.

In Korean language a consonant and a vowel are written in the space of square box to form a square-box-shaped syllable(Figures 2 & 3). Compact syllabic block.

Each syllable is comprised in two ways of combination;

The Initial Consonant + The Medial Vowel (2 letters, as shown in Figure 2 & Table 3)

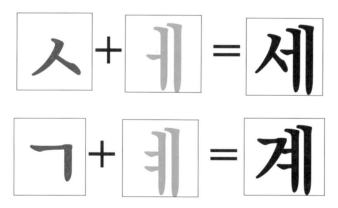

**Figure 2. Two-Syllable-Word, 세계(The World)
Formed by a Combination of
an Initial Consonant & a Medial Vowel**

세계 = SEGYE, where   ㅅ + ㅔ = 세
                     S + E = SE
                     ㄱ + ㅖ = 계
                     G + YE = GYE

or

The Initial Consonant + The Medial Vowel + The Final Consonant **(3 letters, as shown in Figure 3)**

Acording to Korean grammar, each consonant and vowel does not sound alone. It sounds only when consonant and vowel are combined to form a syllable.

One or more Korean syllables, then comprise a Korean word.

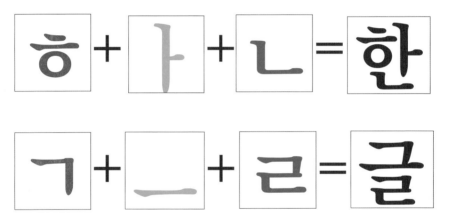

Figure 3. Two-Syllable-Word, 한글(Korean Alphabet) Formed by a Combination of an Initial Consonant, a Medial Vowel & a Final Consonant,

한글 = HANGEUL, where   ㅎ + ㅏ + ㄴ = 한
                               H + A + N = HAN
                             ㄱ + ㅡ + ㄹ = 글
                              G + EU + L = GEUL

With Initial Consonant & Medial Vowel, we get unique syllabary (Table 3) of checkerboard-like arrangement.

Table 3. Korean Syllable Table (Combined with 14 Basic Consonants & 10 Basic Vowels)

M \ I	ㄱ g	ㄴ n	ㄷ d	ㄹ r	ㅁ m	ㅂ b	ㅅ s
ㅏ a	가 ga	나 na	다 da	라 ra	마 ma	바 ba	사 sa
ㅑ ya	갸 gya	냐 nya	댜 dya	랴 rya	먀 mya	뱌 bya	샤 sya
ㅓ eo	거 geo	너 neo	더 deo	러 reo	머 meo	버 beo	서 seo
ㅕ yeo	겨 gyeo	녀 nyeo	뎌 dyeo	려 ryeo	며 myeo	벼 byeo	셔 syeo
ㅗ o	고 go	노 no	도 do	로 ro	모 mo	보 bo	소 so
ㅛ yo	교 gyo	뇨 nyo	됴 dyo	료 ryo	묘 myo	뵤 byo	쇼 syo
ㅜ u	구 gu	누 nu	두 du	루 ru	무 mu	부 bu	수 su
ㅠ yu	규 gyu	뉴 nyu	듀 dyu	류 ryu	뮤 myu	뷰 byu	슈 syu
ㅡ eu	그 geu	느 neu	드 deu	르 reu	므 meu	브 beu	스 seu
ㅣ i	기 gi	니 ni	디 di	리 ri	미 mi	비 bi	시 si

* Mute, Placeholder

ㅇ*	ㅈ	ㅊ	ㅋ	ㅌ	ㅍ	ㅎ
-	j	ch	k	t	p	h
아	자	차	카	타	파	하
a	ja	cha	ka	ta	pa	ha
야	쟈	챠	캬	탸	퍄	햐
ya	jya	chya	kya	tya	pya	hya
어	저	처	커	터	퍼	허
eo	jeo	cheo	keo	teo	peo	heo
여	져	쳐	켜	텨	펴	혀
yeo	jyeo	chyeo	kyeo	tyeo	pyeo	hyeo
오	조	초	코	토	포	호
o	jo	cho	ko	to	po	ho
요	죠	쵸	쿄	툐	표	효
yo	jyo	chyo	kyo	tyo	pyo	hyo
우	주	추	쿠	투	푸	후
u	ju	chu	ku	tu	pu	hu
유	쥬	츄	큐	튜	퓨	휴
yu	jyu	chyu	kyu	tyu	pyu	hyu
으	즈	츠	크	트	프	흐
eu	jeu	cheu	keu	teu	peu	heu
이	지	치	키	티	피	히
i	ji	chi	ki	ti	pi	hi

4. Typing in Korean on the Phone & Computer Keyboards

Figures 4 & 5 show Typical Keyboards of Mobile Phone and Computer.

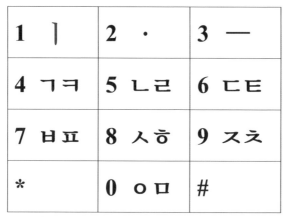

Figure 4. Typical Korean Phone Keyboard

Figure 5. Normal Computer Keyboard in Korea (KS X 5002 Keyboard)

5. Writing Practice - Hangul

(1) Stroke Order in Hangul Writing

1.  **Left to Right**

2. **Top to Bottom**

3. **Counter-clockwise**

(2) **14 Korean Basic Consonants** (The Initial)

ㄱ ①	기역 **gi-yeok**		
ㄴ ①	니은 **ni-eun**		
ㄷ ① ②	디귿 **digeut**		
ㄹ ① ② ③	리을 **ri-eul**		
ㅁ ① ② ③	미음 **mi-eum**		

ㅂ ③①④②	비읍 bi-eup		
ㅅ ①②	시옷 s(h)i-ot		
ㅇ ①	이응 i-eung		
ㅈ ①②	지읓 ji-eut		
ㅊ ①②③	치읓 chi-eut		

키 (①②)	키읔 ki-euk		
ㅌ (①②③)	티읕 ti-eut		
ㅍ (①②③④)	피읖 pi-eup		
ㅎ (①②③)	히읗 hi-eut		

(3) **5 Tense Consonants** (The Initial)

① ② ㄲ	**쌍기역** ssang- giyeok		
① ③ ② ㄸ ④	**쌍디귿** ssang- digeut		
③ ⑤ ⑥ ① ㅃ ⑦ ④ ⑧	**쌍비읍** ssang- bi-eup		
① ③ ㅆ ② ④	**쌍시옷** ssang- s(h)i-ot		
① ③ ㅉ ② ④	**쌍지읒** ssang- ji-eut		

(4) **10 Korean Basic Vowels** (The Medial)

	a		
	ya		
	eo		
	yeo		
	o		

① ② ㅛ	yo		
① ㅜ ②	u		
① ㅠ ② ③	yu		
① ㅡ	eu		
① ㅣ	i		

(5) **11 Diphthongs** (The Medial)

	ae		
	yae		
	e		
	ye		
	oe		
	wi		

	ui		
	wa		
	wo		
	wae		
	we		

6. Writing Practice - Syllables & Words

(1) Combining Consonant & Vowel To Form Syllable & Word

한국어

/han-gug-eo/
Korean Language

ㅎ + ㅏ + ㄴ = 한

ㄱ + ㅜ + ㄱ = 국

ㅇ + ㅓ + = 어

소리글

/sorigeul/
Phonetic Alphabet

ㅅ + ㅗ + ☐ = 소

ㄹ + ㅣ + ☐ = 리

ㄱ + ㅡ + ㄹ = 글

첫걸음

/cheotgeol-eum/
First Step

ㅊ + ㅓ + ㅅ = 첫

ㄱ + ㅓ + ㄹ = 걸

ㅇ + ㅡ + ㅁ = 음

말하기

/malhagi/
To Talk ; To Speak

ㅁ + ㅏ + ㄹ = 말

ㅎ + ㅏ + ☐ = 하

ㄱ + ㅣ + ☐ = 기

따라 말하기
/ttara malhagi/
To Repeat (TTS Voice)

땡큐

/ˈθæŋk ˌju/
Thank You

ㄸ + ㅐ + ㅇ = 땡

ㅋ + ㅠ + ☐ = 큐

한글

/hangeul/
Hangul[Korean Alphabet]

ㅎ + ㅏ + ㄴ = 한

ㄱ + ㅡ + ㄹ = 글

엄마

/eomma/
Mammy

ㅇ + ㅓ + ㅁ = 엄

ㅁ + ㅏ + 　 = 마

아빠

/appa/
Dad

$$ㅇ + ㅏ + \boxed{} = 아$$

$$ㅃ + ㅏ + \boxed{} = 빠$$

오빠

/oppa/
Older Brother (To A Female)

ㅇ + ㅗ + ☐ = 오

ㅃ + ㅏ + ☐ = 빠

서울

/seoul/
Seoul

ㅅ + ㅓ + ☐ = 서

ㅇ + ㅜ + ㄹ = 울

/kkum/
Dream

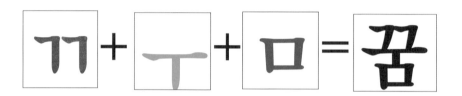

꿈꾸다

/kkumkkuda/

To Dream ; To Have A Dream (About)

ㄲ + ㅜ + ㅁ = 꿈

ㄲ + ㅜ + ☐ = 꾸

ㄷ + ㅏ + ☐ = 다

꿈꾸는 대로 이루어질 거예요
/kkumkkuneun daelo ilueojil geoyeyo/
Everything you dream will come true

감사합니다

/gamsahamnida/
Thank You (Very Much)

ㄱ + ㅏ + ㅁ = 감

ㅅ + ㅏ + ☐ = 사

ㅎ + ㅏ + ㅂ = 합

ㄴ + ㅣ + ☐ = 니

ㄷ + ㅏ + ☐ = 다

고맙습니다

/gomabseumnida/
Thank You (Very Much)

ㄱ + ㅗ + ☐ = 고

ㅁ + ㅏ + ㅂ = 맙

ㅅ + ㅡ + ㅂ = 습

ㄴ + ㅣ + ☐ = 니

ㄷ + ㅏ + ☐ = 다

사랑합니다

/saranghamnida/

I Love You

ㅅ + ㅏ + ☐ = 사

ㄹ + ㅏ + ㅇ = 랑

ㅎ + ㅏ + ㅂ = 합

ㄴ + ㅣ + ☐ = 니

ㄷ + ㅏ + ☐ = 다

만나다

/mannada/
To Meet

口 + ㅏ + ㄴ = 만

ㄴ + ㅏ + ☐ = 나

ㄷ + ㅏ + ☐ = 다

당신을 만나서 기뻐요
/dangsin-eul mannaseo gippeoyo/
Glad to meet you

행복

/haengbog/
Happiness

ㅎ + ㅐ + ㅇ = 행

ㅂ + ㅗ + ㄱ = 복

행복한 하루 되세요 !
/haengboghan haru doeseyo/
Have a nice day !

마음

/ma-eum/
Mind ; Heart ; Feeling

ㅁ + ㅏ + ☐ = 마

ㅇ + ㅡ + ㅁ = 음

함께

/hamkke/
Together

ㅎ + ㅏ + ㅁ = 함

ㄲ + ㅔ + ☐ = 께

함께라면 두렵지 않다
/hamkkeramyeon duryeobji anta/
I'm not afraid if we're together

셀카

/selka/
Selfie

ㅅ + ㅔ + ㄹ = 셀

ㅋ + ㅏ + ☐ = 카

알바

/alba/

Arbeit (G.) ; Side Job ; Part-time Job

ㅇ + ㅏ + ㄹ = 알

ㅂ + ㅏ + ☐ = 바

(2) **Starting with Syllables & Words Illustrated(in number order of Basic Vowels and Diphthongs in Figure 1**(b)**)**

 나비
(Butterfly)
나

 아이스크림
(Ice Cream)
아

 자동차
(Automobile)
자

 파마
(Perm)
파

| 1 | 가 | 나 | 다 | 라 | 마 | 바 | 사 | 아 | 자 | 차 | 카 | 타 | 파 | 하 |

 샤워
(Shower)
샤

 야자수
(Palm Tree)
야

| 2 | 야 | 냐 | 댜 | 랴 | 먀 | 뱌 | 샤 | 야 | 쟈 | 챠 | 캬 | 탸 | 퍄 | 햐 |

 머리카락
(Hair)
머

 버스
(Bus)
버

 커피
(Coffee)
커

 허수아비
(Scarecrow)
허

3 거 너 더 리 머 버 서 어 저 처 커 터 퍼 허

 겨울
(Winter)
겨

 벼
(Rice)
벼

 여자
(Woman)
여

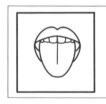 혀
(Tongue)
혀

4 겨 녀 뎌 려 며 벼 셔 여 져 쳐 켜 텨 펴 혀

고구마
(Sweet Potato)
고

오이
(Cucumber)
오

코트
(Coat)
코

호빵
(Hoppang)
호

| 5 | 고 | 노 | 도 | 로 | 모 | 보 | 소 | 오 | 조 | 초 | 코 | 토 | 포 | 호 |

교회
(Church)
교

표지판
(Signboard)
표

| 6 | 교 | 뇨 | 됴 | 료 | 묘 | 뵤 | 쇼 | 요 | 죠 | 쵸 | 쿄 | 툐 | 표 | 효 |

 구두
(Shoes)
구

 무
(Radish)
무

 우산
(Umbrella)
우

 후추
(Pepper)
후

7	구	누	두	루	무	부	수	우	주	추	쿠	투	푸	후

 뮤직
(Music)
뮤

 유화
(Oil Painting)
유

 쥬스
(Juice)
쥬

 휴지
(Toilet Paper)
휴

8	규	뉴	듀	류	뮤	뷰	슈	유	쥬	츄	큐	튜	퓨	휴

 그림자
(Shadow)
그

 드럼
(Drum)
드

 스케이트
(Skate)
스

 크림
(Cream)
크

| 9 | 그 | 느 | 드 | 르 | 므 | 브 | 스 | 으 | 즈 | 츠 | 크 | 트 | 프 | 흐 |

 비행기
(Airplane)
비

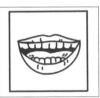 이(빨)
(Tooth)
이

 치마
(Skirt)
치

 피자
(Pizza)
피

| 10 | 기 | 니 | 디 | 리 | 미 | 비 | 시 | 이 | 지 | 치 | 키 | 티 | 피 | 히 |

 대문
(Front Gate)
대

 배
(Boat)
배

 새
(Bird)
새

 해
(Sun)
해

11	개	내	대	래	매	배	새	애	재	채	캐	태	패	해

개[그 아이] That Kid[Child]

애[이 아이] This Child, Sonny, My Boy, Hey!

재[저 아이] That Kid[Child]

12	개	내	대	래	매	배	새	애	재	채	캐	태	패	해

레몬
(Lemon)
레

체육
(Athletics)
체

테이프
(Adhesive Tape)
테

페인트
(Paint)
페

| 13 | 게 | 네 | 데 | 레 | 메 | 베 | 세 | 에 | 제 | 체 | 케 | 테 | 페 | 헤 |

계란
(Egg)
계

폐기물
(Waste)
폐

| 14 | 계 | 녜 | 뎨 | 례 | 몌 | 볘 | 셰 | 예 | 졔 | 쳬 | 켸 | 톄 | 폐 | 혜 |

죄수
(Prisoner)
죄

회덮밥
(Hoedeopbap)
회

15	괴	뇌	되	뢰	뫼	뵈	쇠	외	죄	최	쾨	퇴	푀	회

귀
(Ear)
귀

쥐[시궁쥐]
(Rat)
쥐

튀김
(Fried Food)
튀

뛰다
(To Run)
뛰

16	귀	뉘	뒤	뤼	뮈	뷔	쉬	위	쥐	취	퀴	튀	퓌	휘
	뀌	뛰	쀠	씌	쮜	← 5 Tense Consonants

의사
(Doctor)
의

희소식
(Good News)
희

| 17 | 긔 | 늬 | 듸 | 릐 | 믜 | 븨 | 싀 | 의 | 즤 | 츼 | 킈 | 틔 | 픠 | 희 |

과일
(Fruit)
과

와인[포도쥐]
(Wine)
와

좌측[왼쪽]
(Left)
좌

화장
(Makeup)
화

| 18 | 과 | 놔 | 돠 | 롸 | 퐈 | 봐 | 솨 | 와 | 좌 | 촤 | 콰 | 톼 | 퐈 | 화 |

워크맨
(Walkman)
워

줘요
(Give Me)
줘

| 19 | 귀 | 뉘 | 뒤 | 뤼 | 뮈 | 뷔 | 쉬 | 워 | 줘 | 춰 | 퀴 | 튀 | 풔 | 휘 |

돼지
(Pig)
돼

쇄골
(Collarbone)
쇄

| 20 | 괘 | 내 | 돼 | 돼 | 꽤 | 배 | 쇄 | 왜 | 좨 | 채 | 쾌 | 태 | 패 | 홰 |

쉐이크
(Shake)
쉐

웨딩드레스
(Wedding Dress)
웨

| 21 | 궤 | 뉘 | 뒈 | 뤠 | 뭬 | 붸 | **쉐** | **웨** | 쥐 | 췌 | 퀘 | 퉤 | 풰 | 훼 |

은방울
(Silver Bell)
은

음식
(Food)
음

| 22 | 윽 | **은** | 읃 | 을 | **음** | 읍 | 읏 | 응 | 읒 | 읓 | 읔 | 읕 | 읖 | 읗 |
|----|euk|**eun**|eut|eul|**am**|eup|eut|arg|eut|eut|euk|eut|eup|eut|

14 syllables having the Final Consonant among 14 Basic Consonants [14 홑닿소리받침, 14 단자음(單子音)받침]

닦다
(To Wipe)
닦

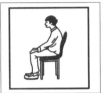
앉다
(To Sit Down)
앉

닭고기
(Chicken)
닭

닮다
(To Look Like)
닮

23	몫	닦	앉	많	닭	닮	넓	곬	핥	읊	싫	값	었	웃
	mok	dak	an	man	dag	dm	nd	gol	hal	eup	sil	gap	eot	eut

13 syllables having the Final Consonant among 2 Tense Consonants & 11 Compound Consonants [13 겹닿소리받침 ; 2 쌍자음(雙子音)받침, 11 복자음(複子音)받침]

7. Appendix

Modern Korean Alphabet

As described in chapter 1, modern Korean alphabet has 14 Basic Consonants and 10 Basic Vowels. Along with these, 5 Tense Consonants, 11 Compound Consonants & 11 Diphthongs are used. 51 letters in total.

Name and sound of Korean consonants are listed in Table A1 & A3 and Korean vowels are named after their sound (Table A2).

Unique one sound for each of the 51 letters. Korean alphabet represents phonological features and on this account Hangul(Korean Alphabet) is classified as featural script (Table A1, A2 & A3).

Table A1. The Initial (Consonant) [첫소리글자, 초성, Onset]

Consonant	14 Basic Consonants [Single Consonants]									
	ㄱ	ㄴ	ㄷ	ㄹ	ㅁ	ㅂ	ㅅ	ㅇ*1	ㅈ	ㅊ
Name (Hangul)	기역	니은	디귿	리을	미음	비읍	시옷	이응	지읒	치읓
Name (Romanized)	gi-yeok	ni-eun	di-geut	ri-eul	mi-eum	bi-eup	s(h)i-ot	i-eung	ji-eut	chi-eut
Romanization Equivalent	g	n	d	r	m	b	s	silent	j	ch

* Mute, Placeholder

Table A2. The Medial (Vowel) [가운데소리글자, 중성, Nucleus]

Vowel	10 Basic Vowels									
	ㅏ*	ㅑ**	ㅓ*	ㅕ**	ㅗ*	ㅛ**	ㅜ*	ㅠ**	ㅡ*	ㅣ*
Name & Romanization Equivalent	a	ya	eo	yeo	o	yo	u	yu	eu	i

* Single Vowels
** Iotized Diphthongs

Table A3. The Final (Consonant) [끝소리글자 또는 받침, 종성, Coda]

Consonant	14 Basic Consonants [Single Consonants]													
	ㄱ	ㄴ	ㄷ	ㄹ	ㅁ	ㅂ	ㅅ	ㅇ*1	ㅈ	ㅊ	ㅋ	ㅌ	ㅍ	ㅎ
Name (Hangul)	기역	니은	디귿	리을	미음	비읍	시옷	이응	지읒	치읓	키읔	티읕	피읖	히읗
Name (Romanized)	gi-yeok	ni-eun	di-geut	ri-eul	mi-eum	bi-eup	s(h)i-ot	i-eung	ji-eut	chi-eut	ki-euk	ti-eut	pi-eup	hi-eut
Romanization Equivalent	g	n	d	r	m	b	s	ing	j	ch	k	t	p	h

*1 Guttural, ŋ
*2 Consonant Clusters
*3 Tense Consonants

Consonant	5 Tense Consonants								
	ㅋ	ㅌ	ㅍ	ㅎ	ㄲ	ㄸ	ㅃ	ㅆ	ㅉ
Name (Hangul)	키읔	티읕	피읖	히읗	쌍기역	쌍디귿	쌍비읍	쌍시옷	쌍지읒
Name (Romanized)	ki-euk	ti-eut	pi-eup	hi-eut	ssang-giyeok	ssang-digeut	ssang-bi-eup	ssang-s(h)i-ot	ssang-ji-eut
Romanization Equivalent	k	t	p	h	kk	tt	pp	jj	ss

Vowel	11 Diphthongs [Combined Vowels]										
	ㅐ*	ㅒ	ㅔ*	ㅖ	ㅚ*	ㅟ*	ㅢ	ㅘ	ㅝ	ㅙ	ㅞ
Name & Romanization Equivalent	ae	yae	e	ye	oe	wi	ui	wa	wo	wae	we

Consonant	2 Tense Consonants & 11 Consonant Clusters												
	ㄳ*2	ㄲ*3	ㄵ*2	ㄶ*2	ㄺ*2	ㄻ*2	ㄼ*2	ㄽ*2	ㄾ*2	ㄿ*2	ㅀ*2	ㅄ*2	ㅆ*3
Name (Hangul)	기역시옷	쌍기역	니은지읒	니은히읗	리을기역	리을미음	리을비읍	리을시옷	리을티읕	리을피읖	리을히읗	비읍시옷	쌍시옷
Name (Romanized)	gi-yeok-s(h)i-ot	ssang-gi-yeok	ni-eun-ji-eut	ni-eun-hi-eut	ri-eul-gi-yeok	ri-eul-mi-eum	ri-eul-bi-eup	ri-eul-s(h)i-ot	ri-eul-ti-eut	ri-eul-pi-eup	ri-eul-hi-eut	bi-eup-s(h)i-ot	ssang-s(h)i-ot
Romanization Equivalent	gs	kk	nj	nh	lg	lm	lb	ls	lt	lp	lh	bs	ss

8. References

김석연, 출흑암의 길잡이 누리글, 누리글연구원, Korea, 2007, pp. 156

김슬옹, 길에서 만나는 한글, 마리북스, Korea, 2023, pp. 348

—, 훈민정음 해례본 입체강독본, 개정증보판, ㈜박이정, Korea, 2023, pp. 647

Kim, Wan-Mo, First Step to Hangul, YongSang Gospel, Korea, 2024, pp. 61

ThankYouHangul, So Easy Korean(아주 쉬운 한국어), Yongsang Gospel, Korea, 2024, pp. 144.

Part Two – Improving Your Korean by Singing along Favorite Korean Hymns

2부 - 좋아하는 한국 찬송가를 따라 부르며 한국어 실력 향상하기

1 기뻐하며 경배하세

Joyful, joyful, we adore Thee

(찬송가 64장, 통 13장)

H. van Dyke, 1911　　　　　　　　　　　　　　　　　　　L. van Beethoven, 1824

1. 기 뻐 하 며　　경 배 하 세　영 광 의 주 하 나 님
Joy-ful, joy-ful,　we a-dore Thee,　God of glo-ry　Lord of love;
조이-훨 조이-훨　위 어-도어 디　갓 업 글로-리　로드 업 러브

2. 땅 과 하 늘　만 물 들 이　주 의 솜 씨 빛 내 고
All Thy works with　joy sur-round Thee;　Earth and heav'n re-flect　Thy rays;
올 다이 웍스 윗　조이 써-라운드 디　어뜨 앤드 헤븐 리플렉트　다이 레이스

주 앞 에 서　　우 리 마 음　피 어 나 는 꽃 같 아
Hearts un - fold like　flow'rs be-fore Thee,　Open-ing to the sun a-bove.
하츠 언-훠울드 라잌　플라워즈 비-포 디　옵-닝 투 더 선 어-법

별 과 천 사　　노 래 소 리　끊 임 없 이 드 높 아
Stars and an - gels　sing a-round Thee,　Cen-ter of un - bro-ken praise.
스타즈 앤드 에인-절스　싱 어-라운드 디　센-터 업 언 -브로-끈 프레이즈

죄 와 슬 픔 사 라　지 고 의 심　구 름 걷 히 니 변
Melt the clouds of sin and　sad-ness; Drive the dark of　doubt a-way; Giv-
멜트 더 클라웃 업 씬 앤드　샛-네스 드라입 더 다크 업　다웃 어-웨이 기

물 과 숲 과 산 과　골 짝 들 판　이 나 바 다 나 모
Field and for-est,　vale and moun-tain, Flow-ery mead-ow,　flash-ing sea, Chant-
필드 앤드 포리-스트 베일 앤드 마운 -틴 플라-워리 메도-우　플래-슁 씨 챈

－함 없 는　　기 쁨 의 주　밝 은 빛 을 주 시 네
er of im - mor-tal glad-ness,　Fill us with the light of day!
버 업 이　　모-틀 글랫-네스　휠 어스 윗 더 라잇 업 데이

－든 만 물　　주 의 사 랑　기 뻐 찬 양 하 여 라
ing bird and　flow-ing foun-tain,　Call us to re - joice in Thee.
팅 벗 앤드　플로-윙 파운-틴　콜 어스 투 리-조이스 인 디

기뻐하며 경배하세

Joyful, joyful, we adore Thee

(찬송가 64장, 통 13장)

H. van Dyke, 1911

L. van Beethoven, 1824

1

3. 우리주는 사랑이요 빛과 근원 이 시니
Thou art giv-ing and for-giv-ing, Ev-er bless-ing, ev-er blest,
다우 아트 기-빙 앤드 포-기-빙 에-버 블레-싱 에-버 블렛

4. 새벽별의 노래따라 힘찬찬송 부르니
Mor-tals join the might-y cho-rus, Which the morn-ing stars be-gan.
모털-스 조인 더 마이-티 코러-스 위치 더 모-닝 스타즈 비-갠

삶이 기쁜 샘이 되어 바다처럼 넘 치네
Well-spring of the joy of liv-ing, O-cean depth of hap-py rest!
웰-스피링 업 더 조이 업 리-빙 오-우션 뎁뜨 업 해-피 레스트

주 의 사 랑 줄 이 되 어 한 맘 되 게 하 시 네
Fa - ther - love is reign - ing o'er us Broth-er-love binds man to man.
화 - 더 - 러브 이즈 레이-닝 오어 어스 브러-더-러브 바인즈 맨 투 맨

아 버 지 의 사 랑 안 에 우 리 모 두 형 제 니 서
Thou our Fa-ther, Christ our Broth-er, All who live in love are Thine. Teach
다우 아우어 파-더 크라이슽 아워 브러-더 올 후 리브 인 러브 아 다인 티취

노 래 하 며 행 진 하 여 싸 움 에 서 이 기 고 승
Ev - er sing - ing, march we on-ward, Vic-tors in the midst of strife; Joy-
에 - 버 쌍 - 잉 마취 위 온-워드 빅-터스 인 더 믿슽 업 스트라입 조이

- 로 서 로 사 랑 하 게 도 와 주 시 옵 소 서
us how to love each oth-er; Lift us to the joy di-vine.
어스 하우 투 러브 이취 어-더 립트 어스 투 더 조이 디-바인

- 전 가 를 높 이 불 러 주 께 영 광 돌 리 세 아 멘
ful mu - sic leads us sun-ward In the tri - umph song of life. A - men.
훨 뮤-직 리즈 어스 선-워드 인 더 트라이-엄프 송 업 라입 아멘

2

다 찬양 하여라

Praise to the Lord, the Almighty

(찬송가 21장, 통 21장)

J. Neander, 1680 — Arr. by W. S. Bennett, 1864

1. 다찬양 하여라 전능왕 창조의 주 께
Praise to the Lord, the Al-might-y, the King of cre - a - tion!
프레이즈 투 더 로드 디 올-마이-티 더 킹 업 크리-에 - 이션

2. 다찬양 하여라 놀라운 만유의 주 께
Praise to the Lord, who o'er all things so won-drous-ly reign - eth,
프레이즈 투 더 로드 후 오어 올 띵스 소우 원-드러-슬리 레인 - 뜨

내혼아 주 찬양 평강과 구원의 주 님
O, my soul, praise Him, for He is thy health and sal - va - tion!
오 마이 쏠 페레이스 힘 포 히 이즈다이 헬쓰 앤드 쌜 - 베 - 이션

포근한 날 개밑 늘품어 주시는 주 님
Shield - eth thee un - der His wings, yea, so gent-ly sus - tain - eth!
쉴 - 딛 디 언-더 히즈 윙스 에이소우 젠틀-리 써스 - 테인 - 뜨

성 도 들 아 주 앞 에 이 제 나 와
All ye who hear, Now to His tem - ple draw near;
올 예 후 히어 나우 투 히즈 템 - 플 드로우 니어

성 도 들 아 주 님 의 뜻 안 에 서
Hast thou not seen How thy de - sires e'er have been
해스트 다우 낱 씬 하우 다이 자이-어즈 에어 햅 빈

즐 겁 게 찬 양 하 여 라
Join ye in glad ad - o - ra - tion!
조인 이 인 글랜 어 - 도 - 레 - 이션

네 소 원 다 이 루 리 라
Grant - ed in what He or - dain - eth?
그랜티 - 드 인 윌 히 오 - 데인 - 뜨

다 찬양 하여라

Praise to the Lord, the Almighty

(찬송가 21장, 통 21장)

J. Neander, 1680   Arr. by W. S. Bennett, 1864

3. 다찬양 하여라 온몸과 마음을 바 쳐
Praise to the Lord, O, let all that is in me a-dore Him!
프레이즈 투 더 로드 오 렡 올 댙 이즈 인 미 어-도어 힘

이세상 만물이 주앞에 다나와 찬 양
All that hath brea-th join with Abraham's seed to a-dore Him!
올 댙 해뜨 브레-뜨 죠인 윋 에입러햄즈 시드 투 어-도어 힘

성 도 들 아 기 쁘 게 소 리 높 여
Let the "A-man!" Sum all our praises a-gain.
렡 디 에이-멘 섬 올 아워 프레이지즈 에-게인

영 원 히 찬 양 하 여 라 아 멘
Now as we worship be-fore Him. A-men.
나우 어즈 위 워쉽 비-휘 힘 아-멘

3 복의 근원 강림하사
Come, Thou fount of every blessing
(찬송가 28장, 통 28장)

R. Robinson, 1759

J. Wyeth's Repository, 1813

1. 복의 근원강림 하사 찬송 하게 하소 서
Come, Thou Fount of ev'ry bless-ing, Tune my heart to sing Thy grace;
컴 다우 파운트 업 엡뤼 블레-씽 튠 마이 하트 투 씽 다이 그레이스

2. 주의 크신도움 받아 이때 까 지 왔으 니
Here I raise my Eb-en-e-zer; Hith-er by Thy help I'm come;
히어 아이 레이즈 마이-에 -벤 -니 -저 히 -더 바이 다이 헬프 아임 컴

한 량 없 이 자 비 하 심 측량 할 길 없 도 다
Streams of mer-cy, nev-er ceas-ing, Call for songs of loud-est praise.
스트림스 업 머 -씨 네 -버 씨 -징 콜 훠 송즈 업 라우디-스트 프레이즈

이 와 같 이 천 국 에 도 이 르 기 를 바 라 네
And I hope, by Thy good pleas-ure, Safe-ly to ar-rive at home.
앤드 아이 호프 바이 다이 굳 플레 -져 쎄이플-리 투 어-라입 앹 호움

천 사 들 의 찬 송 가 로 나 를 가 르 치 소 서
Teach me some me lo-dious son net, Sung by flam-ing tongues a-bove;
티취 미 썸 밀 로우-디어스 싸 닡 성 바이 훌레이-밍 텅즈 어-법

하 나 님 의 품 을 떠 나 죄 에 빠 진 우 리 를
Jes-us sought me when a stran-ger, Wan-d'ring from the fold of God;
지져-쓰 쏘트 미 웬 어 스트레인-져 원-드링 프람 더 휘울드 업 갇

구 속 하 신 그 사 랑 을 항 상 찬 송 합 니 다
Praise the mount! I'm fixed up-on it, Mount of Thy un-chang-ing love.
프레이즈 더 마운트 아임 픽스트 어-펀 잍 마운트 업 다이 -언 -체인 -징 럽

예 수 구 원 하 시 려 고 보 혈 흘 려 주 셨 네
He, to res-cue me from dan-ger, In-ter-posed His prec-ious blood.
히 투 레쓰-큐 미 프람 데인-져 인-터-포우즌 히즈 프레-셔스 블러드

복의 근원 강림하사

Come, Thou fount of every blessing

(찬송가 28장, 통 28장)

R. Robinson, 1759

J. Wyeth's Repository, 1813

3

3. 주 의 귀 한 은혜 받 고 일생 빛 진 자 되 네

O, to grace how great a debt - or Dai - ly I'm con - strained to be;

오우 투그레이스 하우 그레일 어 덴-터 데일-리 아임 컨-스레인드 투 비

주 의 은혜 사슬 되 사 나 를 주 께 매 소 서

Let Thy goodness, like a fet - ter, Bind my wand'ring heart to Thee.

렐 다이 굳네스 라이크 어 페 -러 바인드 마이 원 드링 하트 투 디

우 리 맘 은 연약 하 여 범죄 하 기 쉬 우 니

Prone to wan - der, Lord, I feel it, Prone to leave the God I love;

프로운 투 원-더 로드 아 필 잍 프로운 투 리브 더 갇 아이 럽

하 나 님 이 받으 시 고 천국 인 을 치 소 서 아 멘

Here's my heart - O, take and seal it, Seal it for Thy courts a - bove. A - men.

히어즈 마이하트-오우 테잌 앤드 씰 잍 씰 잍 포 다이 코츠 어-법 아 - 멘

4 온 천하 만물 우러러
All creatures of our God and King
(찬송가 69장, 통 33장)

Francis of Assisi, 1225
Para. by W. H. Draper, 1926

Geistliche Kirchengesäng, Cologne, 1623
Arr. by R. V. Williams, 1906

1. 온 천하만물우러러   다 주를찬양하여 라
   All crea-tures of our God and King, Lift up your voice and with us sing:
   올 크리-쳐즈 업 아워 갇 앤드 킹   리프트 업 유어 보이스 앤드 원 어쓰 싱

2. 힘 차게부는바람아   떠 가는묘한구름아
   Thou rush-ing wind that art so strong, Ye clouds that sail in heaven a-long:
   다우 러-쉥 윈드 댙 아트 쏘 스트롱   에 클라우즈 댙 쎄일 인 헤븐 얼-롱

할렐루 야 할렐루 야 저 금빛나는밝은 해
Al-le-lu - ia! Al-le-lu-ia! Thou burn-ing sun with gold-en beam,
알-렐-루 야 -알-렐-루- 야 다우 번- 닝 썬 위드 골-든 빔

할렐루 야 할렐루 야 저 돋는장한아침 해
Al-le-lu - ia! Al-le-lu-ia! Thou ris-ing morn, in praise re-joice,
알 -렐 -루 야 알 -렐 -루 - 야 다우 라이징 몬 인 프레이즈 리-조이스

저 은 빛나는밝은 달   하나 님 을찬양 하 라
Thou sil-ver moon with soft-er gleam! Oh, praise Him! Oh, praise Him!
다우 실-버 문 윋 숲-터 글림   오우 프레이즈 힘 오우 프레이즈 힘

저 지 는고운저녁 놀   하나 님 을찬양 하 라
Ye lights of eve-ning, find a voice! Oh, praise Him! Oh, praise Him!
이 라이츠 업 입-닝 화인드 어 보이스 오우 프레이즈 힘 오우 프레이즈 힘

할렐루 야할렐루 야 할렐루 야
Al-le-lu - ia! Al-le-lu - ia! Al-le-lu - ia!
알렐루 야 알렐루 야 알렐루 야

온 천하 만물 우러러 4

All creatures of our God and King

(찬송가 69장, 통 33장)

Francis of Assisi, 1225
Para. by W. H. Draper, 1926

Geistliche Kirchengesäng, Cologne, 1623
Arr. by R. V. Williams, 1906

3 . 저 흘러가는맑은 물 다 주를노래하여 라
Thou flow-ing wa-ter, pure and clear, Make mu-sic for thy Lord to hear,
다우 플로-윙 워-러 퓨어 앤드 클리어 메이크 뮤-직 포 다이 로드 투 히어

4 . 주 은혜받은만민 아 다 꿇어경배하여 라
Let all things their Cre - a - tor bless, And wor - ship Him in hum-ble-ness.
렐 올 띵즈 데어 크리-에이-터 블레스 앤드 워-십 힘 인 험-블-네스

할렐루 야 할렐루 야 저 조화많은밝은 불
Al - le - lu   ia! Al - le - lu - ia! Thou fire so mas-ter-ful and bright,
알 -렐-루 야 알-렐-루 야 다우 화여 소우 매스-터-플 앤드 브라이트

할렐루 야 할렐루 야 저 보좌위의주님 께
Al - le - lu   ia! Al - le - lu - ia! Praise, praise the Fa-ther, praise the Son,
알 -렐-루 야 알-렐-루 야 프레이즈 프레이즈 더 화-더 프레이즈 더 썬

그 빛 과열을내어 서 하나 님 을찬양 하 라
Thou giv-est man both warmth and light! Oh, praise Him! Oh, praise Him!
다우 깁스-트 맨 볼 웜뜨 앤드 라이트 오우 프레이즈 힘 오우 프레이즈 힘

존 귀 와영광돌려 라 주를 찬 양할렐 루 야
And praise the Spir-it, Three in One! Oh, praise Him! Oh, praise Him!
앤드 프레이즈 더 스삐-릳 뜨리 인 원 오우 프레이즈 힘 오우 프레이즈

할렐루 야 할렐루 야 할렐 루 야 아 멘
Al-le-lu - ia! Al - le-lu - ia! Al - le - lu - ia! A - men.
알 렐루 야 알렐루 야 알 렐 루 야 아 - 멘

5

전능왕 오셔서
Come, Thou Almighty King
(찬송가 10장, 통 34장)

Anon. from George Whitefield's
... Hymns for Social Worship, 1757

Felice de Giardini, 1769

1. 전능왕 오 셔서 주 이름 찬 송 케
Come, Tho Al - might - y King Help us Thy Name to sing
컴 다우 올- 마이- 티 킹 헬프 어스 다이 네임 투 씽

2. 강 생 한 성 자 여 오 셔 서 기 도 를
Come, Thou In - car - nate Word, Gird on Thy might - y sword,
컴 다우 인- 카 네이트 워드 거드 온 다이 마이 - 티 소드

하옵소서 영광과 권 능의 성부여 오 셔서
Help us to praise: Fa - ther, all glo - ri - ous, O'er all vic - to - ri - ous,
헬프 어스 투 프레이즈 화 -더 올 글 -로리-어스 오어 올 뷕 토 리 어스

들 으소 서 택 하신 백성들 복내려 주 시고
Our prayer at-tend: Come, and - Thy- peo-ple bless, Now rule in ev - ery heart,
아워 프레어 어-텐드 컴 앤드 다이 피-쁠 블레쓰 나우 룰 인 엡 - 뤼 하트

우 리 를 다 스 려 주 옵 소 서
Come, and reign o - ver us, An - cient of Days.
컴 앤드 레인 오 우버 어스 에인 션트 업 데이즈

거 룩 한 마 음 을 주 옵 소 서
Spir - it of Ho - li - ness, On us de - scend.
스삐 맅 업 호울 - 리 - 네스 오 어스 디 - 센드

전능왕 오셔서
Come, Thou Almighty King
(찬송가 10장, 통 34장)

Anon. from George Whitefield's
... Hymns for Social Worship, 1757

Felice de Giardini, 1769

3. 위로의 주 성령 오셔서 큰 증거
Come, Ho - ly Com fort - er, Thy sa - cred wit - ness bear
컴 호 울리 컴 훠 - 터 다이 세이-크린 윋 -네스 베어

4. 성삼위일 체께 한없는 찬송을
To the great One in Three Et - er - nal prais - es be,
투 더 그레잍 원 인 뜨리 이 터 늘 플레이 - 짓 비

주옵소 서 전능한 주 시여 각사람 맘 에서
In this glad hour: Thou who al-might-y art, Now rule in ev-ery heart,
인 디스 글래드 아워 다우 후 올-마이티 아트나우 룰 인 엡-뤼 하트

드립니 다 존귀한 주 님을 영광중 뵈 옵고
Hence ev - er - more. His sov - ereign maj - es - ty May we in glo - ry see,
헨스 에-뷔 모어 히즈 사 -뷔린 매지-스-띠 메이 위 인 글로-리 씨

떠나지 마 시고 계십소 서
And ne'er from us de - part, Spir - it of pow'r.
앤드 네어 프람 어쓰 디 -파트 스삐 릳 업 파워

영원히 모 시게 하옵소 서 아 멘
And to e - ter - ni - ty Love and a - dore A - men.
앤드 투 이-터-너 티 럽 앤드 어- 도어 아 - 멘

6 주 예수 이름 높이어

All hail the pow'r of Jesus' name

(찬송가 37장, 통 37장)

E. Perronet, 1779

J. Ellor, 1838

1. 주 예 수 이 름 높 이 어 다 찬 양 하 여 라
   All hail the pow'r of Je - sus' name! Let an-gels prostrate fall!
   올 헤일 더 파워 업 지- 져스 네임 렐 에인젤스프라스트레일 훨

2. 주 예 수 당 한 고 난 을 못 잊 을 죄 인 아
   Sin ners whose love can ne'er for-get The worm-wood and the gall,
   씨 너즈 후즈 럽 캔 네어 훡-겥 더 웜-운 앤드 더 골

다 찬 양 하 여 라 금 면 류 관 을 드 려 서
Let an - gels prostrate fall. Bring forth the roy - al di - a - dem,
렐 에인-젤스 프라스트레일 훨 브링 훠뜨 더 로-열 다이-어- 덤

못 잊 을 죄 인 아 네 귀 한 보 배 바 쳐 서
Come, lay your tro-phies at His feet, and crown Him Lord of all!
컴 레이 유어 트로우-휫 앹 히즈 휠 앤드 크라운 힘 로오드 업 올

만 유 의 주 를 찬 양 하 세 찬 양
And crown Him, crown Him, crown Him, crown Him, and crown Him,
앤드 크라운 힘 크라운 힘 크라운 힘 크라운 힘 앤드 크라운 힘

찬 양 찬 양 만 유 의 주 찬 양
crown Him, crown Him And crown Him Lord o f all!
크라운 힘 크라운 힘 앤드 크라운 힘 로오드 업 올

주 예수 이름 높이어
All hail the pow'r of Jesus' name
(찬송가 37장, 통 37장)

E. Perronet, 1779

J. Ellor, 1838

3. 이 지 구 위 에 거 하 는 온 세 상 사람 들
Let ev-ery kin-dred, ev-ery tribe, On this terrestrial ball,
렐 엡-뤼 킨 - 드렌 엡-뤼 추라입 안 디스 터레스트리얼 볼

4. 주 믿 는 성 _ 도 다 함께 주 앞에엎드려
Oh, that with yon - der sa - cred throng We at His feet may fall!
오우 댙 읻 얀 - 더 세이-크린 뜨롱 위 앹 히즈 휠 메이 휠

온 세 상 사람 들 그 크 신 위 엄 높 여 서
On this ter-res-trial ball, To Him all maj-es-ty as-cribe,
안 디스 터-레스-트리얼 볼 투 힘 올 매지-스-띠 어스-크라입

주 앞 에엎드려무 궁 한 노 래 불 러 서
We at His feet may fall! We'll join the ev - er - last-ing song,
위 앹 히즈 휠 메이 휠 윌 죠인 더 에 - 붜 - 래스 - 팅 쏭

만 유 의 주 를 찬 양 하세 찬 양
And crown Him, crown Him, crown Him, crown Him, and crown Him,
앤드 크라운 힘 크라운 힘 크라운 힘 크라운 힘 앤드 크라운 힘

찬 양 찬양만 유 _ 의 주 _ 찬 양 아 멘
crown Him, crown Him And crown Him Lord of all! A - men.
크라운 힘 크라운 힘 앤드 크라운 힘 로오드 업 올 아 - 멘

7 찬송으로 보답할 수 없는

We are never, never weary

(찬송가 40장, 통 43장)

F. J, Crosby, 1885

W. J. Kirkpatrick, 1887

1. 찬송으로보답할수없는큰사랑 주님께영광할렐루 야

We are nev-er, nev-er wea-ry of the grand old song; Glo-ry to God, hal-le-lu - jah!

위 아 네-붜 네-붜 위-리 업 더 그랜드 올드 쏭 글로뤼 투 갇 할-렐-루 야

2. 우리반은주님은혜한량없도다 주님께영광할렐루 야

We are lost a-mid the rap-ture of re-deem-ing love; Glo-ry to God, hal-le-lu - jah!

위 아 로스트어밑 더 랲-춰 업 뤼-딤-잉 럽 글로뤼 투 갇 할-렐-루 야

형제자매모두함께모여찬송해 주님의영광할렐루야

We can sing it loud as ev-er, with our faith more strong: Glo-ry to God, hal-le-lu-jah!

위 캔 씽 잍 라우드애즈 에붜 윋 아워 풰잍 모어 스트롱 글로리 투 갇 할-렐루-야

기쁜찬송부르면서천국가겠네 주님의영광할렐루야

We are ris-ing on its pin-ions to the hills a-bove: Glo-ry to God, hal-le- lu- jah!

위 아 라이징 온 이츠 피연스 투 더 힐쓰 어-법 글로리 투 갇 할-렐 루- 야

하나 님의자녀여크게찬송부르며밝고 거룩한길로기쁨으로나아가

O, the children of the Lord have a right to shout and sing, For the way is growing bright and our souls are on the wing;

오 더 칠드뤈 업 더로오드 햅 어롸잍투 샤웉 앤 씽 풔 더 웨이 이즈그로윙브롸잍 앤 아워소울즈 아온더 윙

주의보좌앞으로속히들어가겠네 주님의영광할렐루야

We are going by and by to the pal-ace of a King! Glo-ry to God, hal le lu jah!

위 아 고잉 바이앤드 바이투 더 팰리스 업 어 킹 글로리 투 갇 할렐 루 야

찬송으로 보답할 수 없는   7

We are never, never weary

(찬송가 40장, 통 43장)

F. J, Crosby, 1885   W. J. Kirkpatrick, 1887

3. 영원토록우리모두주를보겠네   주님께영광할렐루 야

We are going to a pal-ace that is built of gold; Glo-ry to God, hal-le-lu - jah!

위 아 고잉 투어 팰리스 댙 이즈빌트 업 골드 글로리 투 갇 할렐루 야

4. 만국백성천국에서소리높여서   주님께영광할렐루 야

There we'll shout redeeming mercy in a glad, new song; Glo-ry to God, hal-le-lu - jah!

더 위일 샤웉 뤼딤잉 머시 인어글랟 뉴 쏭 글로리 투 갇 할렐-루 야

영광스런보좌위에거룩하신주   주님께영광할렐루야

Where the King in all His splendor we shall soon behold: Glo-ry to God, hal-le- lu - jah!

웨어 더 킹 인 올 히즈스플렌둬 위 쉘 쑨 비호울드 글로리투 갇 할-렐-루 야

영원토록주의공로찬양하겠네   주 님께영광할렐루야

There we'll sing the praise of Jesus with the blood washed throng: Glo-ry to God, hal-le- lu - jah!

더 위일 씽 더 프레잊업지저즈 윋 더 블럳 와쉬트 뜨롱 글로뤼투 갇 할-렐루-야

하나 님의자녀여크게찬송부르며밝고 거룩한길로기쁨으로나아가

O, the children of the Lord have a right to shout and sing, For the way is growing bright and our souls are on the wing;

오 더 칠드뤈 업 더로오드 햅 어롸잍투 샤웉 앤 씽 훠 더 웨이 이즈그로윙브롸잍 앤 아워소울즈 아온더 윙

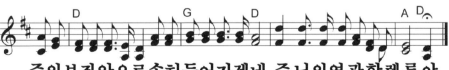

주의보좌앞으로속히들어가겠네 주님의영광할렐루야

We are going by and by to the pal-ace of a King! Glo-ry to God, hal le lu jah!

위 아 고잉 바이앤드 바이투 더 팰리스 업 어 킹 글로리 투 갇 할렐 루 야

8 찬양하라 복되신 구세주 예수
Praise Him! Praise Him!
(찬송가 31장, 통 46장)

F. J, Crosby, 1869

C. G. Allen, 1869

찬양하라 복되신 구세주 예수 8

Praise Him! Praise Him!

(찬송가 31장, 통 46장)

F. J, Crosby, 1869   C. G. Allen, 1869

3. 찬 양 하 라 복되신구세주 예 수 천 사 들아
Praise Him! praise Him! Jes-us, our bless-ed Re-deem-er! Heav'nly portals
프레이즈 힘 프레이즈 힘 지져스 아워 블레쓰트 리 딤 머 헤븐리 포틀즈

즐겁게찬양 해 구 주 예 수 영원히다스리 시 니
loud with ho-san-nas ring! Jes-us, Sav-ior, reign-eth for ev-er and ev - er;
라운 윗 호우재넛 링 지져스 세이비어 뤠인 뜨 휘 에붜 앤드 에-붜

면 류 관 을 주앞에드리세 구 주 예 수
Crown Him! crown Him! Prophet, and Priest, and King! Christ is com-ing,
크라운 힘 크라운 힘 프롸핕 앤드프뤼스트 앤드 킹 크라이스트이즈 커-밍

세 상을이기 시 고 영 광 중 에 또다시오시리
o-ver the world vic-to-rious; Pow'r and glo - ry un-to the Lord be-long.
오우붜 더 워얼드 뷕-토뤼어스 파우워 앤드 글로-뤼 언 투 더 로오드 빌-롱

찬 양 하 라 높으신권세를 찬 양
Praise Him! praise Him! tell of His excellent greatness.
프레이즈 힘 프레이즈 힘 텔 업 히즈 엑셀런트 그레잍네스

찬 양 찬 양 영원히 드 리 세
Praise Him! praise Him! ev-er in joy-ful song!
프레이즈 힘 프레이즈 힘 에 붜 인 조이 훨 쏭

9

참 아름다워라
This is my Father's world
(찬송가 478장, 통 78장)

M. D. Babcock, 1901

Traditional English Melody
Adapt. by F. L. Sheppard, 1915

1. 참 아름다와라 주 님의세계는
   This is my Fa-ther's world, And to my lis-tning ears,
   디스 이즈 마이 화-둬스 워얼드 앤드 투 마이 리-쓰닝 이여즈

2. 참 아름다와라 주 님의세계는
   This is my Fa-ther's world, The birds their car-ols raise,
   디스 이즈 마이 화-둬스 월드 더 벌즈 데어 캐롤즈 레이즈

저 솔로몬의 옷보다더고운백합 화
All na-ture sings, and round me rings The mu-sic of the spheres.
올 네이춰 씽즈 앤드 라운드 미 륑즈 더 뮤 직 업 더 스휘어즈

저 아침해와 저녁놀밤하늘빛난 별
The morn-ing light, the lil-y white, De-clare their Mak-er's praise.
더 모 닝 라이트 더 릴 리 화일 디-클레어 데어 메이커스 프레이즈

주 찬송하는듯 저 맑은새소 리
This is my Fa-ther's world: I rest me in the thought
디스 이즈마이 화-둬스 워얼드 아이 뤠스트 미 인 더 또트

망 망한바다와 늘 푸른봉우 리
This is my Father's world: He shines in all that's fair;
디스 이즈 마이 화둬스 워얼드 히 샤인즈 인 올 댙쓰 훼어

내 아버지의 지으신그솜 씨깊도 다
Of rocks and trees, of skies and seas; His hand the won-ders wrought.
업 락스 앤드 튜리즈업 스카이즈 앤드 씨즈 히즈 핸드 더 원-둬스 뤄트

다 주하나님 영광을잘 드 러내도 다
In the rus-tling grass I hear him pass; He speaks to me ev-ery-where.
인 더 류-슬링 그래쓰 아이 히어 힘 패쓰 히 스픽스 투 미 엡뤼 웨어

참 아름다워라
This is my Father's world

(찬송가 478장, 통 78장)

9

M. D. Babcock, 1901

Traditional English Melody
Adapt. by F. L. Sheppard, 1915

3. 참　아름다와라　주　님의세계는
This　is　my Fa-ther's world,　O　let me ne'er for-get
디스　이즈 마이 화-둬스 워얼드 오우　렛 미 네어 훠-쳇

저 산에부는　바람과잔잔한시냇　물
That though the wrong seems　oft　so strong, God is the Rul-er　yet,
댙 도우 더 륌 심즈　옵 소우 스트롱 갇 이즈 더 룰-러　옐

그　소리가운데　주　음성들리　니
This　is　my Fa-ther's world:　The　bat-tle is not done;
디스 이즈 마이 화-더스 월드　더　배-틀 이즈 낱 던

주 하나님의 큰뜻을나알 듯하도 다 아멘
Je-sus who died shall be sat-is-fied, And earth and heav'n be one. A-men.
지저스 후 다읻 쉘 비 새티스-화읻 앤드 어뜨 앤드 헤븐 비 원 아-멘

10 슬픈 마음 있는 사람

Take the name of Jesus with you

(찬송가 91장, 통 91장)

L. Baxter, 1870

W. H. Doane, 1871

1. 슬 픈 마 음 있 는 사 람　예 수 이 름 믿 으 면
Take the name of Je-sus with you,　Child of sor-row and of woe:
테잌 더 네임 업 지저스 윋 유　차일드 업 쏘로우 앤드업 오우

2. 거 룩 하 신 주 의 이 름　너 의 방 패 삼 으 라
Take the name of Je-sus ev-er,　As a shield from ev - 'ry snare;
테잌 더 네임 업 지저스 에-붜　애즈 어 쉴드 후람 엡 리 스네어

영 원 토 록 변 함 없 는　기 쁜 마 음 얻 으 리
It will joy and com-fort give　you,　Take it then Wher-e'er you go.
잍 윌 죠이 앤드 컴 - 훨 깁 유　테잌 잍 덴 웨어에어 유 고우

환 난 시 험 당 할 때 에　주 께 기 도 드 려 라
If temp-ta-tions 'round you gath - er,　Breathe that ho - ly name in prayer.
입 템 테 이션 라운드 유 개 더　브리드 댙 호울리 네임 인 프레어

예 수 의　　이 름 은　세 상 의 소 망 이 요
Pre-cious name,　O how sweet!　Hope of earth and joy of heaven,
프레셔스 네임　오우 하우 스윝　호웊 업 어뜨 앤드 죠이 업 헤븐

예 수 의　　이 름 은　천 국 의 기 쁨 일 세
Pre-cious name,　O how sweet　Hope of earth and joy of heaven.
프레셔스 네임　오우 하우 스윝　호웊 업 어뜨 앤드 죠이 업 헤븐

슬픈 마음 있는 사람　10

Take the name of Jesus with you

(찬송가 91장, 통 91장)

L. Baxter, 1870　　　　　　　　　　　　W. H. Doane, 1871

3. 존 귀하신 주의 이 름　우 리 기 쁨 되 도 다
O the pre-cious name of Je - sus!　How it thrills our souls with joy
오우 더 프레셔스 네임 업 지져 스　하우 잍 뜨릴스 아워 소울즈 윋 죠이

4. 우리 갈 길 다 간 후 에　보 좌 앞 에 나 아 가
At the name of Je-sus bow-ing,　Fall-ing pros-trate at His feet,
앹 더 네임 업 지저스 바우 윙　폴 링 프라스-트레잍 앹 히즈 휠

주의 품에 안 길 때 에　기 뻐 찬 송 부르 리
When His lov-ing arms re-ceive us,　Breathe that ho - ly name in prayer.
웬 히즈 러-빙 암즈 리-씨브 어스　브맅 댙 호울- 리 네임 인 프레어

왕의 왕께 경 배 하 며　면 류 관 을 드리 리
King of kings in heav'n we'll crown Him,　When our jour-ney is com-plete.
킹 업 킹츠 인 헤븐 위일 크라운 힘　웬 아워 저 -니 이즈 컴 -플맅

예 수 의　　이 름 은　　세 상 의 소 망 이 요
Pre-cious name,　O how sweet!　Hope of earth and joy of heaven,
프레셔스 네임　오우 하우 스윝　호웊 업 어뜨 앤드 죠이 업 헤븐

예 수 의　　이 름 은　　천 국 의 기 쁨 일 세
Pre-cious name,　O how sweet　Hope of earth and joy of heaven.
프레셔스 네임　오우 하우 스윝　호웊 업 어뜨 앤드 죠이 업 헤븐

11 고요한 밤 거룩한 밤
Silent night, holy night
(찬송가 69장, 통 33장)

Francis of Assisi, 1225
Para. by W. H. Draper, 1926

Geistliche Kirchengesäng, Cologne, 1623
Arr. by R. V. Williams, 1906

1. 고 요한밤　거 룩한밤　어 둠에　묻 힌밤
Si - lent night,　ho - ly night,　All is calm,　all is bright;
싸　일런트 나잇　호　울리 나잇　올 이즈 캄　올 이즈 브롸잇

2. 고 요한밤　거 룩한밤　영 광이　둘 린밤
Si - lent night,　ho - ly night,　Dark - ness flies, all is light;
싸　일런트 나잇　호　울리 나잇　다크 니쓰 플라이즈 올 이즈 라잇

주 의부　모앉　아서　감 사기　도 드 릴때
'Round yon vir - gin moth - er and Child! Ho - ly In - fant so ten - der and mild,
라운드 얀 버 진 머 더 앤 촤일드 호-울리 인-펀트 소우 텐 둬 앤드 마일드

천 군천　사 나　타 나　기 뻐노　래 불 렀 네
Shep-herds hear the an - gels sing, Al - le - lu ia! Hail the King!
쉐퍼 즈 히어 디 에인 쳘스 씽 알 렐 루 야 헤일 더 킹

아 기 잘 도 잔 다　아 기잘 도 잔 다
Sleep in heav - en - ly peace,　Sleep in heav - en - ly peace.
슬맆 인 헤 븐 리 피스　슬맆 인 헤 븐 리 피스

구 주나 셨도 다　구 주나 셨도 다
Christ the Sav - ior is born,　Christ the Sav - ior is born!
크라이스트 더 쎄이 뷔 이즈 본　크라이스트 더 쎄이 뷔 이즈 본

고요한 밤 거룩한 밤

Silent night, holy night

(찬송가 69장, 통 33장)

11

Francis of Assisi, 1225
Para. by W. H. Draper, 1926

Geistliche Kirchengesäng, Cologne, 1623
Arr. by R. V. Williams, 1906

3. 고 요한밤   거 룩한밤   동 방의   박 사들
Si - lent night,   ho - ly night,   Guid-ing star,   lend thy light;
싸 일런트 나잇   호 울리 나잇   가이- 딩 스따   렌드 다이 라잇

4. 고 요한밤   거 룩한밤   주 예수   나 신밤
Si - lent night,   ho - ly night,   Son of God,   love's pure light,
싸 일런트 나잇   호 울리 나잇   썬 업 갇   럽즈 퓨어 라잇

별 을보 고찾 아와 꿇 어경 배드 렸네
See the East - ern wise   men bring   Gifts and hom - age to   our king!
씨 디 이스 턴 와이즈   멘 브링   깁츠 앤드 함   이지 투   아워 킹

그 의얼 굴광 채가 세 상빛 이되 셨네
Ra - diant beams from Thy ho - ly face,   With the dawn of re - deem - ing grace,
레이- 디언트 빔즈 프람 다이 홀 리 페이쓰   위드 더 돈 어브리 디   밍 그레이쓰

구주 나셨도 다   구 주나셨 도 다
Christ the Sav - ior is born,   Christ the Sav - ior is born.
크라이스트 더 쎄이 뷔 이즈 본   크라이스트 더 쎄이 뷔 이즈 본

구주나셨도 다   구 주나셨 도다 아 멘
Je - sus, Lord, at Thy birth,   Je - sus, Lord, at Thy birth.   A - men.
지저 쓰 로오드 앹 다이 버뜨   지저 쓰 로오드 앹 다이 버뜨   아 - 멘

12 기쁘다 구주 오셨네
Joy to the world
(찬송가 115장, 통 115장)

I. Watts, 1719

G. F. Handel, 1742
Arr. by L. Mason, 1832

1. 기쁘다 구주 오셨네 만 백성 맞으라 온 교 회
   Joy to the world! the Lord is come; Let earth re-ceive her King; Let ev-ery
   조이 투 더 월드 더 로오드 이즈 컴 렡 어뜨 리-씨브 허 킹 렡 엡리

2. 구세주 탄생 했으니 다 찬양 하여 라 이 세 상
   Joy to the earth! The Sav-ior reigns: Let men their songs em-ploy; While fields and
   조이 투 더 어뜨 더 쒜이붜 레인즈 렡 멘 데어 쏭츠 임플로이 와일 필즈 앤드

여 다 일어 나 다 찬양하여 라 다 찬양하여
heart   pre-pare Him room, And heav'n and na-ture sing, And heav'n and na-ture
하트   프리페어 힘 룸 앤드 헤븐 앤드 네-이쳐 씽 앤드 헤븐 앤드 네-이쳐

의 만물 들 아 다 화답하여 라 다 화답하여
floods, rocks, hills, and plains, Re-peat the sou-d-ing joy, Re - peat the sound-ing
플러즈 롹스 힐스 앤드 플레인즈 리-핕 더 싸운딩 조이 리 - 핕 더 싸운-딩

라 다 찬 양 찬 양 하 여 라
sing,   And heav'n   and heav'n   and na - ture sing.
씽   앤드 헤븐   앤드 헤븐   앤드 네이-쳐 씽

라 다 화 답 화 답 하 여 라
joy,   Re peat,   re - peat   the sound-ing joy.
조이   리 핕   리 - 핕   더 싸운-딩 조이

기쁘다 구주 오셨네　12

Joy to the world
(찬송가 115장, 통 115장)

I. Watts, 1719

G. F. Handel, 1742
Arr. by L. Mason, 1832

3. 온 세 상 죄 를 사 하 러 주 예 수 오 셨 네 죄 와 슬

No more let sins and sor-rows grow, Nor thorns in-fest the ground; He comes to

노 모어 렡 씬쓰 앤드 쏘로우즈 그로우 노어 똔즈 인-페스트 더 그라운드 히 컴즈 투

4. 은 혜 와 진 리 되 신 주 다 주 관 하 시 니 만 국 백

He rules the world with truth and grace, And makes the nations prove The glo - ries

히 룰스 더 워얼드 윋 트룯 앤드 그레이쓰 앤드 메잌스 더 네이션스 프룹 더 글로리스

픔　　몰 아 내 고　다 구 원 하 시 네　다 구 원 하 시

make　His bless-ings flow　Far as the curse is found,　Far as the curse is

메이크　히즈 블레-씽즈 플로우　파 애즈 더 커스 이즈 파운드　파 애즈 더 커스 이즈

성　　구 주 앞 에　다 경 배 하 여 라　다 경 배 하 여

of　His right-eous-ness,　And won-ders of His love,　And won-ders of His

업　히즈 롸이-쳐스-니스　앤드 원더쓰 업 히즈 럽　앤드 원더스 업 히즈

네　다 구 원 구　원 하 시 네

found,　Far as far as　the curse is found.

화운드,　화 애즈 화 애즈　더 커스 이즈 화운드

라　다 경 배 경　배 하 여 라　아 멘

love,　And won - ders, won - ders of His love.　A - men.

럽　앤드 원 - 더스 원 - 더스 업 히즈 럽　아 - 멘

13 어저께나 오늘이나

Oh, how sweet the glorious message

(찬송가 135장, 통 133장)

A. B. Simpson, 1890

J. H. Burke, 1890

14 하나님의 나팔 소리

When the roll is called up yonder

(찬송가 180장, 통 168장)

J. M. Black, 1893 J. M. Black, 1893

1. 하나 님의나팔소리천지진동할때에 예수영광중에구름타시 고
When the trum-pet of the Lord shall sound and time shall be no more,And the morning breaks, e-ter-nal, bring and fair;
웬 더 트럼-펱 업 더 로오드 쉘 싸운드 앤드 타임 쉘 비 노 모어 앤드더 모닝 브레잌쓰 이터널 브링 앤드 페어

2 . 무덤 속에잠자는자그대다시일어나 영화로운부활승리얻으 리
On that bright and cloud-less morn-ing when the dead in Christ shall rise, And the glo-ry of His res- ur- rec- tion share;
온 댙 브롸잍 앤드 클라우드리쓰 모닝 웬 더 데드 인 크라이스트 쉘 라이즈 앤드 더 글로리 업 히즈 레 줘 렉 션 쉐어

천 사들을세계만국모든곳에보내어구원 받은성 도들을모 으 리
When the saved of earth shall gath-er o-ver on the oth-er shore, And the roll is called up yon- der, I'll be there!
웬 더 쎄입드 업 어뜨 쉘 개더 오버 온 디 어더 쇼어 앤드 더로울이즈 콜드 업 얀 더 아일 비 데어

주가택한모든성도구름타고올라가공중 에서주 의얼굴뵈오 리
When His cho-sen ones shall gath-er to their home be -yond the skies, And the roll is called up yon-der, I'll be there!
웬 히즈 쵸우즌 원스 쉘 개더 투데어 호움 비욘드 더 스카잇 앤드 더로울이즈 콜드 업 얀-더 아일 비 데어

나 팔 불 때 나 의 이 름 나 팔 불 때 나 의 이 름
When the roll is called up yon - der When the roll is called up yon - der,
웬 더 로울 이즈 콜드 업 욘 더 웬 더 로울 이즈 콜드 업 욘 더

나 팔 불 때 나 의 이 름 부를 때에잔치참여하겠 네
When the roll is called up yon-der, When the roll is called up yon-der I'll be there.
웬 더 로울 이즈 콜드 업 욘 더 웬 더 로울 이즈 콜드 업 욘- 더 아일비 데어

하나님의 나팔 소리　　14

When the roll is called up yonder

(찬송가 180장, 통 168장)

J. M. Black, 1893　　　　　　　　　　　　　　　　J. M. Black, 1893

3. 주님 다시 오실 날을 우리 알 수 없으니 항상 기도하고 깨어 있어 서

Let us la- bor for the Mas-ter from the dawn till set-ting sun, Let us talk of all His won-drous love and care;

렡 어쓰 레이버 훠 더 매스터 프람 더 돈 틸 쎝-팅 썬 렡 어쓰 톡 업 올히즈 원드러스 럽 앤드 케어

기쁨으로 보좌 앞에 우리 나가서 도록 그때 까지 참고 기다리겠 네

Then when all of life is o-ver, and our work on earth is done, And the roll is called up yon-der, I'll be there.

덴 웬 올 업 라이프 이즈 오버 앤드 아워 웍 온 어뜨 이즈 던 앤드 더 로울 이즈 콜드 업 얀 더 아윌 비 데어

나팔 불 　　　때 나의 이 름 나팔 불 　　때 나의 이 　　름

When the roll is called up yon - der When the roll is called up yon - der,

웬 더 로울 이즈 콜드 업 욘 더 웬 더 로울 이즈 콜드 업 욘 더

나팔 불 　　　때 나의 이 름 부를 때에 잔치 참여하겠 네

When the roll is called up yon-der, When the roll is called up yon -der I'll be there.

웬 더 로울 이즈 콜드 업 욘 더 웬 더 로울 이즈 콜드 업 욘- 더 아일비 데어

15 구주의 십자가 보혈로

Down at the cross

(찬송가 250장, 통 182장)

E. A. Hoffmann, 1878

J. H. Stockton, 1894

1. 구주의십자가 보 혈로   죄 씻음받기를 원하네

Down at the cross where my Sav-ior died, Down where for cleansing from sin I cried;

다운 앹 더 크로쓰 웨어 마이 쌔이비어 다이드 다운 웨어 훠 크렌씽 프람 씬 아이 크롸인

2. 죄 악을속하여 주신주   내 속에들어와 계시네

I am so won-drous-ly saved from sin,   Je - sus so sweet-ly a- bides with-in;

아이 앰 소우 원 드러쓸리 세입드 프람 씬   지 져스 소우 스윌리 어바잇 위 딘

내 죄를씻 으신 주이름   찬 송합시 다

There to my heart was the blood ap-plied;   Glo - ry to His name!

데어 투 마이 하트 워즈 더 블러드 어 플라이드   글로 리 투 히즈 네임

십 자가앞 에서 주이름   찬 송합시 다

There at the cross where He took me in;   Glo-ry to His name!

데어 앹 더 크로쓰 웨어 히 툭 미 인   글로리 투 히즈 네임

찬 송합시 다   찬 송합시 다

Glo-ry to His name!   Glo-ry to His name!

글로 리 투 히즈 네임   글로 리 투 히즈 네임

내 죄를씻 으신 주이름   찬 송합시 다

There to my heart was the blood ap-plied;   Glo - ry to His name!

데어 투 마이 하트 워즈 더 플러드 어 플라이드   글로 리 투 히즈 네임

구주의 십자가 보혈로

Down at the cross

15

(찬송가 250장, 통 182장)

E. A. Hoffmann, 1878

J. H. Stockton, 1894

3. 주 앞에 흐르는 생 명 수　날 씻어 정하게 하시네

Oh, pre-cious foun-tain that saves from sin! I am so glad I have en-tered in;

오우 프레셔쓰 화운 틴　댙 쎄입스 프람 씬 아이 앰 소우 글래드 아이 햅 엔터드　인

4. 내 주께 회 개한 양 심은　생 명수 가운데 젖었네

Come, to this foun-tain so rich and sweet; Cast thy poor soul at the Sav-iour's feet;

컴　투 디스 화운 틴 소우 리치 앤드스윝　캐스트 다이 푸어 쏘울 앹 더 쎄이 비엎 핕

내 기쁨 정 성을 다하 여　찬　송합 시　다

There Je-sus saves me and keeps me clean;　Glo-ry to His name!

데어 지-져스 세입즈 미 앤드 킵스 미 클린　글로- 리 투 히즈 네임

흠 없고 순 전한 주 이 름　찬　송합 시　다

Plunge in to-day and be made com-plete;　Glo-ry to His name!

플런지 인 투데이 앤드 비 메이드 컴 플맅　글로- 리 투 히즈 네임

찬　송합 시　다　　찬　송합 시　다

Glo-ry to His name!　　Glo-ry to His name!

글로 리 투 히즈 네임　　글로 리 투 히즈 네임

내 죄를 씻으신 주 이 름　찬　송합 시　다

There to my heart was the blood ap-plied　Glo-ry to His name!

데어 투 마이 하트 워즈 더 플러드 어 플라이드　글로- 리 투 히즈 네임

16

내 주의 보혈은
I hear Thy welcome voice
(찬송가 254장, 통 186장)

L. Hartsough, 1872   L. Hartsough, 1872

1. 내 주 의보혈은 정 하 고정하다
I hear Thy wel-come voice That calls me, Lord, to Thee
아이 히어 다이 웰 컴 보이스 댙 콜즈 미 로오드 투 디

2. 약 하 고추해도 주 께 로나가 면
Though I come weak and vile, Thou dost my strength as - sure;
도우 아이 컴 웍 앤드 봐일 다우 더스트 마이 스트렝뜨 어 슈어

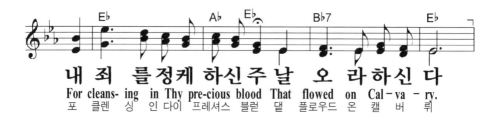

내 죄 를정케 하신주 날 오 라하신 다
For cleans- ing in Thy pre-cious blood That flowed on Cal - va - ry.
포 클렌 싱 인 다이 프레셔스 블럳 댙 플로우드 온 캘버 뤼

힘 주 시고내 추함을곧 씻 어주시 네
Thou dost my vile-ness ful - ly cleanse, Till spot - less all and pure.
다우 더스트 마이 봐일-네스 풀 -리 클렌쓰 틸 스팥 리스 올 앤드 퓨어

내 가주께 로 지 금가오 니
I am com-ing, Lord; Com- ing now to Thee:
아이 앰 컴 밍 로오드 컴 밍 나우 투 디

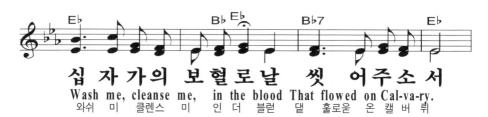

십 자 가의 보혈로날 씻 어주소서
Wash me, cleanse me, in the blood That flowed on Cal-va-ry.
와쉬 미 클렌스 미 인 더 블럳 댙 홀로운 온 캘버 뤼

내 주의 보혈은
I hear Thy welcome voice
(찬송가 254장, 통 186장)

L. Hartsough, 1872

L. Hartsough, 1872

3. 날 오 라 하 심 은 온 전 한 민 음 과
'Tis Je - sus calls me on To per - fect faith and love,
티스 지-져스 콜즈 미 온 투 퍼 - 휔트 훼잍 앤드 럽

4. 큰 죄 인 복 받 아 빌 길 을 얻 었 네
'Tis Je - sus who con-firms The bless - ed work with - in,
티스 지-져스 후 컴 훰스 더 블레스-트 웍 위 - 딘

또 사 랑 함 과 평 안 함 다 주 려 합 니 다
To per - fect hope, and peace, and trust, For earth and heav'n a- bove.
투 퍼 휔트 호웊 앤드 피쓰 앤드 츄러스트 포 어뜨 앤드 헤븐 어- 법

한 없 이 넓 고 큰 은 혜 베 풀 어 주 소 서
By add - ing grace to wel - comed grace, Where reigned the pow'r of sin.
바이 애- 딩 그레이쓰 투 웰- 컴드 그레이스 웨어 레인드 더 파워 업 씬

내 가 주 께 로 지 금 가 오 니
I am com-ing, Lord; Com - ing now to Thee:
아이 앰 컴 밍 로오드 컴 - 밍 나우 투 디

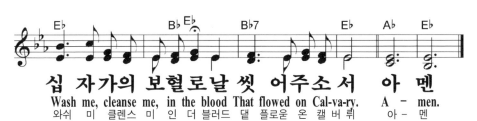

십 자 가 의 보 혈 로 날 씻 어 주 소 서 아 멘
Wash me, cleanse me, in the blood That flowed on Cal-va-ry. A - men.
와쉬 미 클렌스 미 인 더 블러드 댙 플로운 온 캘 버 뤼 아 - 멘

17 만세 반석 열리니

Rock of ages, cleft for me

(찬송가 494장, 통 188장)

A. M. Toplady, 1776　　　　　　　　　　　　　　　　T. Hastings, 1830

1. 만세 반석 열리니　내가 들어갑니다
   Rock of A-ges, cleft for me,　Let me hide my-self in Thee;
   락 어브 에이지스 클렙트 포 미　렛 미 하이드 마이 셀프 인 디

2. 내가 공을 세우나　은혜 갚지 못하네
   Not the la-bors of my hands　Can ful-fill Thy law's de-mands;
   낫 더 레이-버즈 어브 마이 핸즈　캔 훌 휠 다이 로즈 디 - 맨즈

창에 허리 상하여　물과 피를 흘린 것
Let the wa-ter and the blood,　From Thy wound-ed side which flowed,
렛 더 워-터 앤드 더 블러드　프람 다이 운 - 딧 사이드 위치 플로웃

쉼이 없이 힘쓰고　눈물 근심 많으나
Could my zeal no res-pite know,　Could my tears for - ev - er flow,
쿳 마이 질 노우 레스파이트 우　쿳 마이 티어즈 포 에 버 플로우

내게 효험 되어서　정결하게 하소서
Be of sin the dou-ble cure,　Cleanse me from its guilt and power.
비 어브 씬 더 더 블 큐어　클렌스 미 프럼 이츠 길트 앤드 파워

구속 못할 죄인을　예수 홀로 속하네
All for sin could not a - tone,　Thou must save, and Thou a-lone.
올 포 씬 쿳 낫 어- 토운　다우 머스트 세이브 앤드 다우 얼-로운

만세 반석 열리니 17

Rock of ages, cleft for me

(찬송가 494장, 통 188장)

A. M. Toplady, 1776   T. Hastings, 1830

3. 빈 손 들 고 앞에 가 　십자 가 를붙 드 네
Noth - ing in my hand I bring, 　Sim - ply to Thy cross I cling;
너 - 띵 인 마이 핸드 아이 브룅 　심 플리 투 다이 크로쓰 아이 클링

4. 살아 생전 숨쉬 고 　죽어 세 상떠나 서
While I draw this fleet-ing breath, 　When my eyes shall close in death,
와일 아이 드로 디스 플리-팅 브레뜨 　웬 마이 아이즈 쎌 클로즈 인 데뜨

의가 없 는자라 도 　도와 주 심바라 고
Na - ked, come to Thee for dress, 　Help - less, look to Thee for grace;
네이 키드 컴 투 디 포 드레스 　헬프 리스 룩 투 디 포 그레이스

거 룩하 신주 앞 에 　끝 날심 판 당할 때
When I soar to worlds un-known, 　See Thee on Thy judg - ment throne,
웬 아이 소어 투 월즈 언 노운 　씨 디 온 다이 저지 먼트 뜨로운

생명 쌤에 나 가 니 나를 씻 어주소서
Foul, I to the foun - tain fly; 　Wash me, Sav - ior, or I die.
파울 아이 투 더 파운 틴 플라이 　와쉬 미 쎄이-비어 오어 아이 다이

만세 반석열리 니 내가 들 어갑니 다 　아 멘
Rock of a - ges, cleft for me, 　Let me hide my - self in Thee. 　A - men.
락 어브 에이지스 클렙트 포 미 　렡 미 하이드 마이셀프 인 디 　아 - 멘

18 샘물과 같은 보혈은

There is a fountain filled with blood

(찬송가 258장, 통 190장)

W. Cowper, 1772

Traditional American Melody
Arr. by L. Mason, 1894

1. 샘 물 과같은보혈은주 님의피 로 다보 혈에죄를

There is a foun-tain filled with blood Drawn from Im-man-uel's veins And sin-ners, plunged be-

데어 이즈어 화운틴 휠드 윋 블럳 드론 프람 이 메 뉴얼즈 베인스 앤드 씨너즈 플런짇 비

2. 저 도 적회개하고서보 혈에씻었 네저 도적같은

The dy-ing thief re-joiced to see That foun-tain in his day And there may I, though

더 다잉 띱 리 죠이슽투 씨 댙 화운 틴 인 히즈데이 앤드 데어 메이 아이 도우

씻으면정 하 게되겠 네 정 하 게되겠 네 정

neath that flood, Lose all their guilt－y stains: Lose all their guilt-y stains, Lose

니뜨 댙 훌럳 루즈 올 데어 길티 스테인즈 루즈 올 데어 길 티 스테인즈 루즈

이몸도죄 씻 기원하네 죄 씻 기원하 네 죄

vile as he, Wash all my sins a-way: Wash all my sins a-way, Wash

바일 애즈 히 와쉬 올 마이 씬즈 어-웨이 와쉬 올 마이 씬즈 어-웨이 와쉬

하게되 겠 네 보 혈에죄를씻으면 정 하게되겠네

all their guilt-y stains; And sin-ners, plunged be-neath that flood, Lose all their guilt-y stains.

올 데어 길티 스테인쓰 앤드 씬 너쓰 플렁지드 비니뜨 댙 플러드 루즈 올 데어 길티 스테인쓰

씻기원하 네저 도적같은이몸도죄 씻 기원하네

all my sins a － way; And there may I, though vile as he, Wash all my sins a-way.

올 마이 씬즈어 - 웨이 앤드 데어 메이 아이 도우 바일 애즈 히 와쉬 올 마이 씬즈 어-웨이

샘물과 같은 보혈은

There is a fountain filled with blood

(찬송가 258장, 통 190장)

W. Cowper, 1772

Traditional American Melody
Arr. by L. Mason, 1894

3. 속 함을받은 백 성은영 생을얻 겠 네샘 솟듯하는
Dear dy - ing -amb Thy pre - cious blood Shall nev - er lose its pow'r Till all the ran-somed
디어 다-잉 램 다이 프레셔스 블런 쉘 네-버 루즈 이즈 파워 틸 올 더 랜 섬드

4. 날 정 케하신피 보니그 사랑한 없 네살 동안받는
E'er since by faith I saw the stream Thy flow-ing wounds sup- ply, Re - deem-ing love has
에어 씬쓰 바이 페잍 아이 쏘 더 스트림 다이 플로힝 운즈 써-플라이 뤼 딤- 밍 럽-해즈

피 권세한 없 이크도 다 한 없 이크도 다 한
Church of God, Be saved, to sin no more: Be saved, to sin no more, Be
쳐치 업 갇 비 쎄이븐 투 씬 노우 모어 비 세이븐 투 씬노우 모어 비

사랑을늘 찬 송하겠 네 늘 찬 송하겠 네 늘
been my theme, And shall be till I die: And shall be till I die, And
빈 마이 띰 앤드 쉘 비 틸아이 다이 앤드 쉘 비 틸 아이 다이 앤드

없이크도 다 샘 솟듯 하는 피권세한 없 이크도 다
saved to sin no more Till all the ran-somed Church of God, Be saved, to sin no more.
쎄이븐투씬 노우 모어 틸 올 더 랜-섬드 쳐치 업 갇 비 쎄이븐 투 씬 노우 모어

찬송하겠 네살 동안받는사랑을늘 찬 송하겠네 아멘
shall be till I die Re- deem-ing love has been my theme, And shall be till I die. A-men.
쉘 비 틸아이 다이 뤼 딤- 밍 럽 해즈 빈 마이 띰 앤드 쉘 비 틸 아이 다이 아-멘

19 예수를 나의 구주 삼고

Blessed assurance, Jesus is mine!

(찬송가 288장, 통 204장)

F. J. Crosby, 1873

P. P. Knapp, 1885

1. 예수를 나의 구주삼 고 성령과피 로써거듭나 니
Bless-ed as-sur-ance, Je-sus is mine! O, what a fore-taste of glo-ry di - vine!
블레슬 어슈어런스 지저스 이즈 마인 오우 윌 어 포어테이슽 업 글로뤼 디-바인

2. 온전히주께 맡긴내 영 사랑의음 성을듣는중 에
Per-fect sub-mis-sion, per-fect de - light, Vi-sions of rap-ture now burst on my sight;
퍼휙트 섭 미 션 퍼펙트 딜 라잍 비젼즈 업 랩 쳐 뉴 버스트온 마이 싸일

이세상에 서 내영혼 이 하늘의 영광 누리도 다
Heir of sal -va -tion, pur-chase of God, Born of His Spir - it, washed in His blood.
에어 업 쌜-뵈-이션 퍼 처스 업 갇 본 업 히즈 스삐-맅 와쉬트 인 히즈 블럳

천사들왕 래 하는것 과 하늘의 영광 보리로 다
An-gels de-scend-ing, bring from a - bove Ech-oes of mer-cy, wish-pers of love.
에인절스 디 쎈 딩 브링 프람 어 법 에코우즈 업 머시 위스뻐스 업 럽

이것이 나의 간증이 요 이것이 나의 찬송일 세
This is my sto - ry, this is my song, Prais-ing my Sav-ior all the day long
디스 이즈 마이 스토리 디스 이즈 마이 쏭 프레이징 마이 세이비어 올 더 데이 롱

나사는 동안 끊임없이 구주를 찬송 하 리로 다
This is my sto - ry, this is my song, Praise-ing my Sav-ior all the day long.
디스 이즈 마이 스토 리 디스 이즈 마이 쏭 프레이 징 마이 세이비어 올 더 데이 롱

예수를 나의 구주 삼고 19

Blessed assurance, Jesus is mine!

(찬송가 288장, 통 204장)

F. J. Crosby, 1873

P. P. Knapp, 1885

3. 주안에 기쁨 누림으 로 마음의 풍랑이 잔잔하 니

Per-fect sub-mis-sion, all is at rest, I in my Sav-ior am hap-py and blest;

퍼휙트 섭미 션 올 이즈 앹 레스트 아이 인 마이 세이비어 앰 해피 앤드 블레슽

세상과 나 는 간곳없 고 구속한 주만 보이도 다

Watch-ing and wait - ing, look-ing, a-bove, Filled with His good-ness, lost in His love.

워- 칭 앤드 웨이 팅 룩 킹 어-밥 휠드 윋 히즈 굳-네스 로스트 인 히즈 럽

이것이 나의 간증이 요 이것이 나의 찬송일 세

This is my sto - ry, this is my song, Prais-ing my Sav - iour all the day long;

디스 이즈 마이 스토리 디스 이즈 마이 쏭 프레이징 마이 세이비어 올 더 데이 롱

나사는 동안 끊임없 이 구주를 찬송 하리로 다 아멘

This is my sto - ry, this is my song, Prais-ing my Sav-iour all the day long. A-men.

디스 이즈 마이 스토리 디스 이즈 마이 쏭 프레이징 마이 세이비어 올 더 데이 롱 아-멘

20 변찮는 주님의 사랑과
Let us sing of His love
(찬송가 270장, 통 214장)

F. Bottome, 1872　　　　　　　　　　　　　　　　J. P. Webster, 1889

1. 변찮 는주님의 사랑 과　거룩 한 보혈의공로 를
   Let us　sing of His love once a-gain　Of the love that can ne-ver de-cay,
   렐 어쓰　씽 업 히즈 럽 원스 어겐　업 더 럽 댈 캔 네버 디케이

2. 우리 를 깨끗게 한피 는　무궁 한 생명의물일 세
   There is cleans-ing and heal-ing for　all　Who will wash in the life giv-ing flood;
   데어 이즈 클렌싱 앤드 힐링 휘　올　후 윌 와쉬 인 더 라입 기뷩 훌럳

우리 다 찬양을 합시 다　주님 을 만나볼 때까 지
Of the blood of the Lamb that was slain,　Till we praise Him a-gain in that day.
업 더 블럳 업 더 램 댈 워즈슬레인　틸 위 프레이즈 힘 어게인 인 댈 데이

생명의 구원을 받은자　하나님찬양을합시 다
There is per-fect de-liv-'rance and joy　To be had in this world through the blood.
더 리즈 퍼휓트 딜립 런스 앤드 죠이　투 비 햍 인 디스 월드 뜨루 더 블럳

예수는　우리 를　깨끗게하시는주시니
I be-lieve　Je-sus saves　And His blood makes me whit-er than snow.
아이 빌리브　지져스 세입즈　앤드 히즈 블럳 메익쓰 미 화이 러 댄 스노우

그의 피　우리 를　눈보 다 더희게 하셨 네
I be-lieve　Je-sus saves　And His blood makes me whit-er than snow.
아이 빌리브　지져스 세입즈　앤드 히즈 블럳 메익쓰 미 화이러 댄 스노우

변찮는 주님의 사랑과　　20

Let us sing of His love

(찬송가 270장, 통 214장)

F. Bottome, 1872　　　　　　　　　　　　　　　　J. P. Webster, 1889

3. 주님 의 거룩한 보혈 을 날마 다 입으로간증 해

Then we'll march in His name till we come, At His bid-ding to cease from the fight
덴 위일 마취 인 히스 네임 틸 위 컴　앹 히스 비딩 투 씨쓰 프람 더 파이트

4. 십자 가단단히 붙잡 고 날마 다 이기며나가 세

So with ban-ners un-furl'd to the breeze, O - ur motto shall "Holiness" be,
쏘 위드 밴더즈 언 펄드 투 더 브리즈　아우어 모토 쉘 홀리니즈 비

담대 히싸우며 나가세 천국에 들어갈때까지

And our Sav-iour shall wel-come us home To the man-sions of glo-ry and light.
앤드 아우어 쎄이버 쉘 웰 컴 어쓰 홈　투 더 맨션스 어브 글로리 앤드 라이트

머리 에 면류관 쓰고 서 주앞 에 찬양할 때까 지

Till the crown from His hand we shall seize, And the King in His glo-ry we see.
틴 더 크라운 프람 히스 핸드 위 쉘 씨즈　앤드 더 킹 인 히스 글로리 위 씨

예수는 우리 를 깨끗게 하시는주시니

I be-lieve　Je-sus saves　And His blood makes me whit-er than snow.
아이 빌리브　지져스 세입즈　앤드 히즈 블럳 메익쓰 미 화이러 댄 스노우

그의 피 우리 를 눈보 다 더희게 하셨 네

I be-lieve　Je-sus saves　And His blood makes me whit-er than snow.
아이 빌리브　지져쓰 세입즈　앤드 히즈 블럳 메익쓰 미 화이러 댄 스노우

21 보아라 즐거운 우리 집
O think of the home over there
(찬송가 235장, 통 222장)

D. W. C. Huntington, 1873

T. C. O'Kane, 1874

1. 보아라 즐거운 우리 집 밝고 도 거룩한 천 국 에
O, think of the home o-ver there By the side of the riv-er of light,
오 띵크 업 더 호움 오버 데어 바이 더 사잇 업 더 리버 업 라잇

2. 앞서간 우리의 친구들 광명 한 그집에올 라 가
O, think of the friends o-ver there Who be-fore us the jour-ney have trod,
오 띵크 업 더 후렌즈 오버 데어 후 비포 어쓰 더 져니 햅 트롯

거룩한 백성들 거기 서 영원히 영광에 살겠 네
Where the saints, all im-mortal and fair, Are rob-ed in their gar-ments of white.
웨어 더 세인츠 올 이 모틀 앤드 페어. 아 로웁드 인 데어 가 먼츠 업 화이트

거룩한 주님의 보좌 앞 찬미로 영원히 즐기 네
Of the songs that they breathe on the air In their home in the pal - ace of God.
업 더 송 댓 데이 브릿 온 디 에어 인 데어 호움 인 더 팰리 스 업 갓

거기서 거기서 기쁘고 즐거운 집에 서
O-ver there, o-ver there, O think of the home o-ver there,
오버 데어 오버 데어 오 띵크 업 더 호움 오버 데어

거기서 거기서 기쁘고 즐거운 집에 서
O-ver there, o-ver there, O think of the friends o-ver there,
오버 데어 오버 데어 오 띵크 업 더 프렌즈 오버 데어

거기 서 거기 서 거기서영원 히 영광에 살겠 네
O-ver there, o-ver there, o-ver there, O think of the home o-ver there.
오버 데어 오버 데어 오버 데어 오 띵크 업 더 호움 오버 데어

거기 서 거기 서 거기서찬미 로 영원히 즐기 네
O-ver there, o-ver there, o-ver there, O think of the friends o-ver there.
오버 데어 오버 데어 오버 데어 오 띵크 업 더 프렌즈 오버 데어

보아라 즐거운 우리 집
O think of the home over there
(찬송가 235장, 통 222장)

D. W. C. Huntington, 1873　　　　　　　　　　　　　　T. C. O'Kane, 1874

3. 우리를 구하신 주님도　거룩한 그집에 계시니
My Sav-ior is now o-ver there, There my kindred and friends are at rest,
마이 세이비어 이즈 나우 오버　데어 데어 마이 킨드릿 앤드 프렌즈 아 앳 레스트

4. 우리의 일생이 끝나면　영원히 즐거운 곳에 서
I'll soon be at home o-ver there, For the end of my jour-ney I see;
아일 순 비 앳 호움 오버 데어　포 디 엔드 업 마이 져니 아이 씨

우리도 이세상 떠날때　주님 과 영원히 살겠 네
Then a-way from my sor-row and care　Let me fly to the land of the blest.
덴 어웨이 프람 마이 쏘로우 앤드 케어　렛 미 플라이 투 더 랜드 어브 더 블레스트

거룩한 아버지 모시고　기쁘 고 즐겁게 살겠네
Man-y dear to my heart, o-ver there　Are watching and wait-ing for me.
매 니 디어 투 마이 하트 오버 데어　아 와칭 앤드 웨이팅 포 미

거기서　거기서　기쁘고 즐거운집에 서
O-ver there,　o-ver there,　My Sav-ior is now o-ver there,
오버 데어　오버 데어　마이 세이비어 이즈 나우 오버 데어

거 기서　거기서　기쁘고 즐거운집에 서
O-ver there,　o-ver there,　I'll soon be at home o-ver there,
오버 데어　오버 데어　아일 순 비 앳 호움 오버 데어

거기 서　거기 서 거기서주님 과 영원히 살겠 네.
O-ver there,　o-ver there, o-ver there, My Sav-ior is now o-ver there
오버 데어　오버 데어 오버 데어 마이 세이비어 이즈 나우 오버 데어

거기 서　거기 서 거기서기쁘 고 즐겁게 살겠 네
O-ver there,　o-ver there, o-ver there, I'll soon be at home o-ver there.
오버 데어　오버 데어 오버 데어 아일 순 비 앳 호움 오버 데어

22

새벽부터 우리
Sowing in the morning
(찬송가 496장, 통 260장)

K. Shaw, 1874

G. A. Minor, 1879

1. 새벽부터우리 사랑함으로써 저녁까지씨를 뿌려봅시다

Sow-ing in the morn-ing, sow-ing seeds of kind-ness, Sow-ing in the noon-tide and the dew-y eve;
쏘윙 인 더 모닝 쏘윙 씨즈 업 카인드니쓰 쏘윙 인 더 눈 타이드 앤드 더 듀이 이브

2. 비가오는것과 바람부는것을 겁을내지말고 뿌려봅시다

Sow-ing in the sun-shine, sow-ing in the shad-ows, Fear-ing neith-er clouds nor win-ter's chill-ing breeze;
쏘윙 인 더 썬샤인 쏘윙 인 더 새도우즈 피어링 니더 클라우즈 노어 윈터즈 칠 링 브리즈

열 매차차익어 곡식거둘때에 기쁨으로단을 거두리로다

Wait-ing for the har-vest, and the time of reap-ing, We shall come, re-joic-ing, bring-ing in the sheaves.
웨이팅 포 더 하비스트 앤드 더 타임 어브 리핑 위 쉘 컴 레조이 씽 브링 잉 더 더 쉬브즈

일을마쳐놓고 곡식거둘때에 기쁨으로단을 거두리로다

By and by the har-vest, and the la-bor end-ed We shall come, re-joic-ing, bring-ing in the sheaves.
바이 앤드 바이더 하뷔스트 앤드 더 레이버 엔디드 위 쉘 컴 레조이 씽 브링잉 인 더 쉬브즈

거두리로다 거두리로다 기쁨으로단을 거두리로다

Bring-ing in the sheaves, bring-ing in the sheaves, We shall come, re-joic-ing, Bring-ing the sheaves.
브링 잉 인 더 쉬브즈 브링 잉 인 더 쉬브즈 위 쉘 컴 레조이씽 브링-잉 더 씨브즈

거두리로다 거두리로다 기쁨으로단을 거두리로다

Bring-ing in the sheaves, bring-ing in the sheaves, We shall come, re-joic-ing, Bring-ing in the sheaves.
브링잉 잉 인 더 쉬브즈 브링 잉 인 더 쉬브즈 위 쉘 컴 레조이씽 브링잉 인 더 쉬브즈

새벽부터 우리

Sowing in the morning

(찬송가 496장, 통 260장)

K. Shaw, 1874   **G. A. Minor, 1879**

22

3. 씨를뿌릴때에 나지아니할까 염려하며심 히 애탈지 라 도

Go-ing forth with weep-ing, sow-ing for the Mas-ter, Tho' the loss sus-tained our spir-it oft-en grieves;

고잉 포뜨 위드 위 핑 쏘윙 포 더 매스터 도 더 로쓰 써쓰테인드 아우어 스피 릳 오픈 리브즈

나중예수께서 칭찬하 시리니 기쁨으로단 을 거두리로다

When our weep-ing's o-ver, He will bid us wel-come, We shall come, re-joic-ing, bring-ing the sheaves.

웬 아우어 위핑즈 오버 히 윌 빋어쓰 웰 컴 위 쉘 컴레 조이씽 브링 잉더 쉬브즈

거두리 로 다 거두리로 다 기쁨으로단을 거두리 로 다

Bring-ing in the sheaves, bring-ing in the sheaves, We shall come, re-joic-ing, Bring-ing the sheaves.

브링 잉 인 더 쉬브즈 브링 잉 인 더 쉬브즈 위 쉘 컴 레조이씽 브링 잉 더 쉬브즈

거두리로다 거두리로다 기쁨으로단을 거두리로다 아 멘

Bring-ing in the sheaves, bring-ing in the sheaves, We shall come, re-joic-ing, Bring-ing the sheaves.   A-men.

브링 잉 인 더 쉬브즈 브링 잉 인 더 쉬브즈 위 쉘 컴 레조이씽 브링잉 더 쉬브즈   아 멘

23 예수가 우리를 부르는 소리

Softly and tenderly Jesus is calling

(찬송가 528장, 통 318장)

W. L. Thompson, 1880   W. L. Thompson, 1880

1. 예 수 가 우리를 부르는 소리　그음성부드러 워
Soft - ly and ten-der-ly Je-sus is call-ing　Call-ing for you and for me;
쏘프틀 리 앤드 텐덜 리 지져쓰 이즈 콜링　콜링 포 유 앤드 포 미

2. 간 절 히 오라고 부르실때 에　우리는지체하 랴
Why should we tar-ry when Je- sus is plead-ing,　Plead-ing for you and for me?
와이 슈드 위 태뤼 웬 지 져쓰 이즈 플리 딩　플리 딩 포 유 앤드 포 미

문 앞에 나와서 사면을 보 며　우리를기 다리 네
See, on the por-tals He's wait-ing and watch-ing,　Watch-ing for you and for me.
씨 온 더 포틀쓰 히즈 웨이팅 앤드 워 칭　워 칭 포 유 앤드 포 미

주 님의 은혜를 왜아니받 고　못들은 체 하려 나
Why should we lin - ger and heed not His mer-cies,　Mer-cies for you and for me?
와이 슈드 위 링 거 앤드 히드 낱 히스 머시쓰　머 씨쓰 포 유 앤드 포 미

오 라　　오 라　　방황치말고 오 라 (오라)
Come home,　come home,　Ye who are wea-ry, come home(come home)
컴 호움　　컴 호움　　예 후 아 위리 컴 호움 컴 호움

죄있는자들 아 이리로 오라 주예수앞에오라
Ear-nest-ly, ten-der-ly,　Je-sus is call-ing,　Call-ing, O sin-ner, come home!
어니스틀리 텐 덜 리　지 져스 이즈 콜링　콜링 오 시너 컴 호움

예수가 우리를 부르는 소리 23

Softly and tenderly Jesus is calling

(찬송가 528장, 통 318장)

W. L. Thompson, 1880   W. L. Thompson, 1880

3. 세 월이살같이 빠르게지 나　쾌락이끝이나 고
Time is now fleet-ing, the　mo-ments are pass-ing　Pass-ing from you and from　me;
타임 이즈 나우 플리팅 더　모 먼츠 아 패 씽　패 씽 프람 유 앤드 프람　미

4. 우 리를위하여 예비해두신　영원한집이있 어
O for the won-der-ful love He has prom-ised,　Prom-ised for you and for me!
오 포 더 원 더 플 러브 히 해즈 프롸미스트　프롸미스트 포 유 앤드 포　미

사 망의그늘이 너와내앞 에　둘리며가 리우 네
Shad-ows are gath-er-ing, death-beds are com-ing,　Com-ing for you and for　me.
쉐도우즈 아　개 더 링　데쓰 벧즈 아 컴밍　컴 밍 포 유앤드포　미

죄 많은세상을 떠나게될 때　영접 해주 시겠 네
Though we have sinned, He has mer - cy and par-don,　Par-don for you and for　me.
도우 위 해브 씬너드 히 해스 머 씨 앤드 파 든　파 든 포 유앤드포　미

오 라　　오 라　방황치말고 오 라 (오라)
Come home,　come home,　Ye who are wea-ry, come home(come home)
컴 호움　　컴 호움　예 후 아 위 리　컴 호움 컴 호움

죄 있는자들아 이리로 오라 주예수앞에오라
Ear-nest-ly, ten-der-ly,　Je-sus is call-ing,　Call-ing, O sin-ner, come home!
어니스틀리 텐 덜 리　지 져스 이즈 콜 링　콜링 오 시 너 컴 호움

24 부름 받아 나선 이 몸

Call'd of God, we honor the call

(찬송가 323장, 통 355장)

Ho Woon Lee, 1967
Tr. by J. T. Underwood

Yoo Sun Lee, 1967

1. 부름받아 나선이몸 어 디든 지 가오리다
Call'd of God, we hon-or the call; Lord, we'll go wher-ev-er You say.
콜드 업 갇 위 아너더 콜 로드 윌 고우 웨어레버 유 세이

2. 아 골골짝 빈들에 도 복 음들고 가오리다
Ach-or's Vale, or des-o-late waste, There we'd bear the Gos-pel You gave,
아코어스 붸일 오어 데 서 릿 웨이스트 더어 윋 베어 더 가스플 유 게입

괴로우 나 즐거우 나 주만따 라 가오리니
Where You lead, come pain or plea-sure, We would fol - low You ev-'ry day.
웨어 유 리드 컴 페인 오어 플레저 위 욷 홬로우 유 엡라 데이

소돔같은 거리에도 사랑안 고 찾아가서
Carry love through streets like Sod-om's An-y-where, to seek and to save!
캐뤼 럽 뜨루 스뜨릿 라익 사돔즈 애니웨 어 투 식 앤 투 세입

어느누가 막 으리까 죽음인 들 막으리까
Who shall turn us back from You, Lord? Death it-self, from go-ing Your way?
후 쉘 턴 어스 백 후람 유 로드 덴 잍셀프 후람 고 잉 유어 웨이

종의몸에 지 닌것도 아낌없 이 드리리다
Or a-gree a slave to be, Lord, In the joy of be-ing Your slave
오어 어 그리 어 슬레입 투 비 로드 인 더 죠이 업 비잉 유어 슬레입

어느누가 막 으리까 죽음인 들 막으리까
Who shall turn us back from You, Lord? Death it-self, from go-ing Your way?
후 쉘 턴 어스 백 후람 유 로드 덴 잍셀프 후람 고잉 유어 웨이

종의몸에 지 닌것도 아낌없 이 드리리다
Or a-gree a slave to be, Lord, In the joy of be-ing Your slave!
오어 어 그리 어 슬레입 투 비 로드 인 더 죠이 업 비잉 유어 슬레입

부름 받아 나선 이 몸　24

Call'd of God, we honor the call

(찬송가 323장, 통 355장)

Ho Woon Lee, 1967
Tr. by J. T. Underwood

Yoo Sun Lee, 1967

3.　존귀영광 모든권세　주 님홀 로 받으소서
Hon-or, glo-ry, pow-er and praise, Lord, my God You on-ly are due!
아 너 글로우뤼 파 워 앤 프레이즈 로드 마이 갇 유 오운리 아 듀

멸 시 천 대 십 자 가 는 　 제 가 지 고 가 오 리 다
Shame and scorn and cross You car-ried; Grant us grace to car-ry them too,
셰임 언드 스콘 언드 크로스 유 카아 리드 그랜트 어스 그레이스 투 카아라이 뎀 투

이 름 없 이 　 빛 도 없 이 감 사 하 며 섬 기 리 다
With-out name or fame, but, oh, Lord, Joy and thanks, to serve be-fore You
위다 웃 네임 오어 훼임 벋 오우 로드 죠이 앤 땡스 투 서업 비 훠 유

이 름 없 이 빛 도 없 이 　 감 사 하 며 섬 기 리 다 　 아 멘
With-out name or fame, but, oh, Lord, Joy and thanks, to serve be-fore You! A-men.
위다 웃 네임 오어 훼임 벋 오우 로드 죠이 앤 땡스 투 서업 비 훠 유 아 멘

25 인애하신 구세주여

Pass me not, O gentle Savior

(찬송가 279장, 통 337장)

F. J. Crosby, 1870

W. H. Doane, 1870

1. 인애하신구세 주 여　　내 가 비오 니
Pass me not, O gen-tle Sav-ior,　Hear my hum-ble cry
패쓰 미 낱 오 젠틀 쎄이 비여　　히어 마이 험 블 크롸이

2. 자 비하신보좌 앞 에　　꿇 어엎드 려
Let me at　a throne of　mer-cy,　Find a　sweet re-lief;
렐 미 앹 어 뜨론 어브 머 씨　파인다 어 스윝 릴 립

죄 인오라하실 때 에　　날 부르드 서
While on oth-ers Thou art smil-ing,　Do　not pass me　by.
와일 온 아 더쓰 다우 아트스마일 링　두 낱 패쓰 미 바이

자 복하고회개 하 니　　믿 음주소 서
Kneel-ing there in deep con-tri-tion,　Help me un-be-lief.
닐 링 데어 인 딒 컨 튜리 션　헬 미 언 빌리 프

주 여　　주 여　　내 가비오 니
Sav-ior,　Sav-ior,　Hear my hum-ble cry;
쎄이 뷔여　쎄이 뷔여　히어 마이 험 블 크롸이

죄 인오라하실 때 에　　날 부르소 서
While　on oth-ers Thou art call-ing,　Do not pass me　by.
와일 온 아더쓰 다우 아트 콜 링　두 낱 패쓰 미 바이

인애하신 구세주여 25

Pass me not, O gentle Savior

(찬송가 279장, 통 337장)

F. J. Crosby, 1870

W. H. Doane, 1870

3. 주 의공로의지 하 여   주 께가오 니
Trust-ing on- ly in Thy mer - it,   Would I seek Thy face;
트러스 팅 온 리 인 다이 메 릿   우드 아이 씨크 다이 페이쓰

4. 만복근원우리 주 여   위 로하소 서
Thou the Spring of all my com- fort,   More than life to me,
다우 더 스프링 어브올 마이 컴 포트   모어 댄 라이프투 미

상 한맘을고치 시 고   구 원하소 서
Heal my wound-ed, bro-ken spir - it,   Save me by Thy grace.
힐 마이 운디 드 브로 큰 스프 릿   쎄이브 미 바이 다이 그레이쓰

우 리주와같으 신 이   어 디있을 까
Whom have I on earth be- side Thee?   Whom in heav'n but Thee?
훔   해브 아이 온 어뜨 비 싸이드 디   훔 인 헤븐 벝 디

주 여   주 여   내 가비오 니
Sav - ior,   Sav - ior,   Hear my hum-ble cry;
쎄이 뷔여   쎄이 뷔여   히어 마이 험 블 크롸이

죄 인오라하실 때 에   날 부르소 서   아 멘
While on oth-ers Thou art call-ing, Do not pass me by.   A - men.
와일 온 아더 쓰 다우 아트 콜 링 두 낱 패쓰 미 바이   아 멘

26 내 주를 가까이 하게 함은
Nearer, my God, to Thee
(찬송가 338장, 통 364장)

S. F. Adams, 1859

L. Mason, 1856

1. 내 주를가까이 하 게함은 십 자가 짐같은
   Near-er, my God, to Thee, Near-er to Thee! E'en though it be a cross
   니어 러 마이 갇 투 디 니어 러 투 디 인 다우 잍 비 어크로쓰

2. 내 고생 하는것 옛 야곱이 돌 베개 베고잠
   Though, ,like the wan-der-er, The sun gone down, Dark - ness be o - ver me,
   떤더러 라이크더 앤 더 러 더 썬 곤 다운 다크 니쓰비 오 버 미

고 생이나 내 일생 소원은 늘 찬송 하면서
That rais-eth me; Still all my song shall be, Near - er, my God, to Thee,
댙 레이즈드 미 스틸 올 마이 쏭 쉘비 니어 러 마이 갇 투 디

같 습니다 꿈 에도소원이 늘 찬송 하면서
My rest a stone; Yet in my dreams I'd be Near - er, my God, to Thee,
마이 레스트 어 스톤 옡 인 마이 드림쓰 아이드 비 니어 러 마이 갇 투 디

주 께 더 나 가 기 원 합 니 다
Near - er, my God, to Thee, Near - er to Thee.
니어 러 마이 갇 투 디 니어 러 투 디

내 주를 가까이 하게 함은 26

Nearer, my God, to Thee

(찬송가 338장, 통 364장)

S. F. Adams, 1859

L. Mason, 1856

3. 천 성 에 가 는 길 험 하 여 도 생 명 길 되 나 니
There let the way ap-pear Steps un - to heaven; All that Thou send-est me
데어 렡 더 웨이 어 피어 스텝쓰 언 투 헤븐 올 댙 다우 쎈디스트 미

4. 야 곱 이 잠 깨 어 일 어 난 후 돌 단 을 쌓 은 것
Then, with my wak-ing thoughts Bright with Thy praise, Out of my ston-y griefs
덴 위드 마이 웨이킹 똩츠 브라잍 윗 다이 프뤠이즈 아웉어브 마이스토우니 그륖스

은 혜 로 다 천 사 날 부 르 니 늘 찬 송 하 면 서
In mer-cy given; An - gels to beck-on me Near- er, my God, to Thee,
인 머 쒸 기븐 에인 젤쓰 투 베 컨 미 니어 러 마이 갇 투 디

본 받 아 서 숨 질 때 되 도 록 늘 찬 송 하 면 서
Beth - el I'll raise; So by my woes to be Near- er, my God, to Thee
베 떨 아일 뤠이즈 소우 바이 마이 워우 투 비 니어 러 마이 갇 투 디

주 께 더 나 가 기 원 합 니 다 아 멘
Near - er, my God, to Thee, Near - er to - Thee. A - men.
니어 러 마이 갇 투 디 니 어 투 디 아 멘

27 믿는 사람들은 군병 같으니
Onward, Christian soldiers!
(찬송가 351장, 통 389장)

S. Barng-Gould, 1865

A. S. Sullivan, 1871

1. 믿는사람들 은 군병같으 니 앞서가신 주 를
On-ward, Chris-tian sol - diers, March-ing as to war, With the cross of Je - sus
온 워드 크리스쳔 쏠 져쓰 마 칭 애즈투 워 위 더 크로쓰어브 지-져쓰

2. 원수마귀모 두 쫓겨가기 는 예수이름 듣 고
At the sound of tri - umph Sa-tan's host doth flee On then, Chris-tian sol - diers,
앹 더 싸운드 어브 트롸이-엄프 세이튼쓰 호스트 덛 플리 온 덴 크리스쳔 쏠 져쓰

따라갑시 다 우리대장 예 수 기를가지 고
Go-ing on be - fore: Christ the roy-al Mas - ter Leads a-gainst the foe;
고 잉 온 비 포 크라이스트 더 로열 매스 터 리즈 어게인스트 더 포

겁이남이 라 우리찬송 듣 고 지옥떨리 니
On to vic-to-ry: Hell's foun-da-tions quiv - er At the shout of praise;
온 투 뷕 토뤼 헬쓰 파운-데이-션쓰 퀴 버 앹 더 샤우트 어브 프레이즈

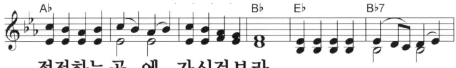

접전하는곳 에 가신것보라
For-ward in to bat - tle, See His ban-ners go,
포 워드 인투 배 틀 씨 히즈 배너 즈 고

형제들아 주 를 찬송합시다
Broth-ers, lift your voic - es, Loud your an-thems raise.
브러더 쓰 리프트 유어 보이씨즈 라우드 유어 앤 텀쓰 뤠이즈

믿는사람들 은
On-ward, Chris-tian sol - diers,
온 워드 크리스쳔 쏠 져쓰

군병같으 니 앞서가신 주 를 따라갑니 다
March-ing as to war, With the cross of Je - sus Go - ing on be - fore.
마 칭 애즈투 워 위드 더 크로쓰어브 지 져쓰 고 잉 온 비 포

믿는 사람들은 군병 같으니 27
Onward, Christian soldiers!
(찬송가 351장, 통 389장)

S. Barng-Gould, 1865   A. S. Sullivan, 1871

3. 세상나라들 은 멸망받으 나 예수교회영 영
Crowns and thrones may per-ish, King-doms wax and wane, But the Church of Je-sus
크라운즈 앤 드로운즈 메이 페뤼쉬 킹 덤스 왝쓰 앤드 웨인 벝 더 처취 업 지 저스

4. 백성들아와 서 함께모여 서 우리모두함 께
On-ward, then, ye peo-ple, Join our hap-py throng, Blend-with ours your voices
온 워드 덴 이 피 플 조인아우어 해피 드롱 블렌드 윋 아우어즈 유어 보이씨즈

왕성하리 라 마귀권세 감 히 해치못함 은
Con-stant will re-main; Gates of hell can nev-er 'Gainst that Church pre-vail
컨스턴트 윌 뤼 메인 게이츠 업 헬 캔 네 붜 게인스트 댙 처취 프리-붸일

개가부르 세 영원토록 영 광 권세찬송 을
In the tri-umph song; Glo-ry, laud, and hon-or un-tp Christ our King
인 더 트라이엄프 쏭 글로 뤼 라우드 앤드 아 너 언 투 크라이스트 아우어 킹

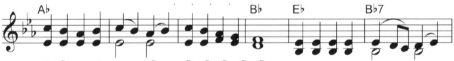

주가모든교 회 지키심이라
We have Christ's own pro-mise, And that can-not fail.
위 해브 크라이스트 오운 프라미쓰 앤드 댙 캔낱 풰일

믿는사람 들 은
On-ward, Chris-tian sol - diers,
온 워드 크리스천 쏠 저쓰

우리임금주 께 돌려보내세
This thro'count-less a-ges Men and an-gels sing.
디스 뜨루카운트리쓰 에이지쓰 멘 앤드 에인젤쓰 씽

군병같으 니 앞서가신주 를 따라갑시다 아멘
March-ing as to war, With the cross of Je-sus Go-ing on be-fore. A-men.
마 칭 애즈투 워 윋 더 크로쓰 어브 지져쓰 고우잉 온 비 포 아 멘

28

성도여 다 함께
Come, Christians, join to sing
(찬송가 29장, 통 29장)

C. H. Bateman, 1843

Traditional Spanish Melody
Arr. by D. Evans, 1927

1. 성 도여 다함께 할렐루야 아 멘
Come, Christians, join to sing, Al-le-lu-ia! A-men!

2. 맘 문을 열어라 할렐루야 아 멘
Come, lift your hearts on high; Al-le-lu-ia! A-men!

주 찬양 하여라 할렐루야 아 멘
Loud praise to Christ our King; Al-le-lu-ia! A-men!

온 하늘 울려라 할렐루야 아 멘
Let praises fill the sky; Al-le-lu-ia! A-men!

주 보좌 앞에서 택 하신 은혜를
Let all, with heart and voice, Be-fore His throne rejoice;

인 도자 되시며 친 구가 되신주
He is our Guide and Friend; To us He'll condescend;

다 찬송 하여라 할렐루야 아 멘
Praise is His gracious choice: Al-le-lu-ia! A-men!

그 사랑 끝없다 할렐루야 아 멘
His love shall never end: Al-le-lu-ia! A-men!

118

성도여 다 함께
Come, Christians, join to sing
(찬송가 29장, 롱 29장)

C. H. Bateman, 1843

28

Traditional Spanish Melody
Arr. by D. Evans, 1927

3. 주 찬양 하여라 할렐루야 아 멘
Praise yet our Christ again; Al - le - lu - ia! A - men!
프레이즈 옛 아워 크라이스트 어게인 알 렐 루 야 아 멘

찬 양은 끝없다 할렐루야 아 멘
Life shall not end the strain; Al - le - lu - ia! A - men!
라입 쉘 낫 엔드 더 스트레인 알 렐 루 야 아 멘

거 룩한 집에서 주 은총 기리며
On heaven's blissful shore His goodness we'll a-dore,
안 헤븐즈 블리스휄 쇼어 히즈 굳네스 윌 어 도어

늘 찬송 부르자 할렐루야 아 멘
Sing - ing for - ev - er - more, Al - le - lu - ia! A - men!
싱 잉 훠 에 버 모어 알 렐 루 야 아 멘

29

나 같은 죄인 살리신
Amazing grace
(찬송가 305장, 통 405장)

J. Newton, 1779

Arr. by E. O. Excell, 1900

1. 나 같은 죄인 살리신 주 은혜 놀라워
A- maz- ing grace! how sweet the sound, That saved a wretch like me!
어 메이 징 그레이스 하우 스윗 더 싸운드 댓 세입 어 뤳취 라잌 미

2. 큰 죄악 에서 건지신 주 은혜 고마워
'Twas grace that taught my heart to fear, And grace my fears re-lieved;
튀즈 그레이스 댓 톳 마이 하트 투 휘어 앤즈 그레이스 마이 휘어즈 륄리브드

잃었던 생명 찾았고 광명을 얻었네
I once was lost, but now am found, Was blind, but now I see.
아이 원스 워즈 로스트 벗 나우 앰 화운드 워즈 블라인드 벗 나우 아이 씨

나 처음 믿음 그 시 간 귀하고 귀하다
How pre-cious did that grace ap-pear The hour I first believed!
하우 프레 셔스 디드 댓 그레이스 어 피어 디 아우어 아이 훠스트 빌리브드

나 같은 죄인 살리신

Amazing grace

(찬송가 305장, 통 405장)

J. Newton, 1779   Arr. by E. O. Excell, 1900

3. 이 제 껏 내 가 산 것 도 주 님 의 은 혜 라

Thro' man-y dan-gers, toils, and snares, I have al - read - y come;

뜨루 매니 데인져스 토일즈 앤드 스네어즈 아이 햅 오 레 디 컴

4. 거 기 서 우 리 영 원 히 주 님 의 은 혜 로

When we've been there ten thou-sand years, Bright shin-ing   as the sun,

웬 위브 빈 데어 텐 따우젼드 이어즈 브롸잇 샤이닝 애즈 더 썬

또 나 를 장 차 본 향 에 인 도 해 주 시 리

'Tis grace hath bro't me safe thus far, And grace will lead me home.

티즈 그레이스 햇 보론 미 세입 더스 화 앤드 그레이스 윌 리드 미 호움

해 처 럼 밝 게 살 면 서 주 찬 양 하 리 라   아 멘

We've no less days to sing God's praise Than when we'd first be-gun.   A - men.

위브 노 레스데이즈 투 싱 갓즈 프레이즈 댄 웬 윗 훠스트 비건   아 멘

30

예수 사랑하심은
Jesus loves me
(찬송가 563장, 통 411장)

A. B. Warner, 1860   W. B. Bradbury, 1862

1. 예수사랑 하심을　거룩하신 말일세
Je-sus loves me, this I know,　For the Bi-ble　tells me so;
지 져스 럽스 미　디스아이 노우　휘 더 바이블　텔즈 미 쏘우

2. 나를사랑 하시고　나의 죄를 다씻어
Je-sus loves me, He who died　Heav-en's gate to　o- pen wide;
지져스 럽스 미 히 후 다이드　헤븐 즈 게이트 투　오우 뻔 와이드

우리들은 약하나　예수권세 많도다
Li- ttle ones to　Him be- long,　They are weak but He is strong.
리틀 원즈투　힘 빌롱　데이 아 위크 벝 히 이즈 스트롱

하늘문을 여시고　들어가게 하시네
He will wash a - way my sin,　Let His lit-tle child come in.
히 윌 와쉬 어 웨이 마이 씬　렡 히즈 리틀 촤일드 컴 인

날 사랑 하심　날 사랑 하심
Yes,　Je-sus　loves me!　Yes,　Je-sus　loves me!
예쓰　지-져스　럽스 미　예쓰　지 져쓰　러브쓰 미

날 사랑하심 성 경에써 있네
Yes,　Je-sus loves me!　The　Bi-ble tells me so.
예쓰　지져스 럽스 미　더　바이블 텔즈 미 쏘우

예수 사랑하심은
Jesus loves me
(찬송가 563장, 통 411장)

A. B. Warner, 1860

W. B. Bradbury, 1862

3. 내가 연약 할수록　더욱 귀히 여기사
Je-sus loves me, loves me still,　Though I'm very weak and ill;
지져스 럽스 미 럽스 미 스틸　도우 아임 뵈리 윅 앤드 일

4. 세상 사는 동안에　나와 함께 하시고
Je-sus loves me, He will stay　Close beside me all the way;
지져스 럽스 미 히 윌 스테이　클로즈 비싸이드 미 올 더 웨이

높은 보좌 위에서　낮은 나를 보시네
From His shin-ing throne on high　Comes to watch me whence I lie.
프람 히즈 샤이 닝 뜨로운 온 하이　컴즈 투 와취 미 웬쓰 아이 라이

세상 떠나 가는 날　천국 가게 하소서
I love Him, and when I die　He will take me home on high.
아이 러브 힘 앤드 웬 아이 다이　히 윌 테이크 미 호움 온 하이

날 사랑 하심　날 사랑 하심
Yes, Je-sus loves me!　Yes, Je-sus loves me!
예쓰 지져스 럽스 미　예쓰 지져스 럽스 미

날 사랑하심 성 경에 써 있네　아 멘
Yes, Je-sus loves me! The Bi-ble tells me so.　A-men.
예쓰 지져스 럽스 미 더 바이블 텔즈 미 쏘우　아 멘

31 너 근심 걱정 말아라

Be not dismayed whate'er betide

(찬송가 496장, 통 260장)

C. D. Martin, 1906

W. S. Martin, 1906

1. 너근심걱 정 말 아 라   주 너를지키 리
   Be not dis-may'd what-e'er be-tide,   God will take care of   you;
   비 낱 디즈 메이드 웰 에어 비타이드   갇 윌 테익 케어 업   유

2. 어려워낙 심 될 때에   주 너를지키 리
   Thro' days of toil   when heart doth fail, God will take care of you;
   뜨루 데이즈 업 토일   웬 하트 덭 풰일 갇 윌 테익 케어 업 유

주날개밑 에 거 하 라   주 너 를지 키 리
Be-neath His wings of love a-bide,   God will take care of   you.
비 닏 히즈 윙스 업 러브 어 바이드   갇 윌 테익 케어 업   유

위험한일 을 당 할때   주 너 를지 키 리
When dan-gers fierce   your path as- sail,   God will take care of you.
웬 데인 져스 퓌어스 유어 팯 어 쎄일   갇 윌 테익 케어 업 유

주 너 를 지 키 리   아 무때 나   어 디 서 나
God will take care of you,   Through ev-'ry day,   O'er all the way
갇 윌 테익 케어 업 유   뜨루 엡리 데이 오어 올 더 웨이

주 너 를 지 키 리   늘지켜주 시 리 (너를)
He will take care of you,   God will take care of you (of you)
히 윌 테익 케어 업 유   갇 윌 테익 케어 업 유 업 유

너 근심 걱정 말아라　31

Be not dismayed whate'er betide

(찬송가 496장, 통 260장)

C. D. Martin, 1906　　　　　　　　　　　　　　　W. S. Martin, 1906

3. 너 쓸 것 미 리 아 시 고　주 너 를 지 키 리
All you may need He will pro-vide,　God will take care of you;
올 유 메이 니드 히 월 프로 바잇　갇 월 테잌 케어 업 유

4. 어려운 시 힘 당 해 도　주 너 를 지 키 리
No mat-ter what may be the test,　God will take care of you;
노 매 터 월 메이 비 더 테스트　갇 월 테잌 케어 업 유

구 하 는 것 을 주 시 며　주 너 를 지 키 리
Trust Him and you will be sat - is-fied,　God will take care of you.
트러스트 힘 앤드 유 월 비 쌔티 스 화읻　갇 월 테잌 케어 업 유

구 주 의 품 에 거 하 라　주 너 를 지 키 리
Lean, wea-ry one, up - on His breast,　God will take care of you.
린 위 리 원 어 펀 히즈 브뤠스트　갇 월 테잌 케어 업 유

주 너 를 지 키 리　아 무 때 나　어 디 서 나
God will take care of you,　Through ev-'ry day,　O'er all the way;
갇 월 테잌 케어 업 유　뜨루 에뷔리 데이　오어 올 더 웨이

주 너 를 지 키 리　늘 지 켜 주 시 리 (너를) 아 멘
He will take care of you,　God will take care of you (of you) A-men.
히 월 테잌 케어 업 유　갇 월 테잌 케어 업 유 업 유 아 멘

32 나의 갈 길 다 가도록

All the way my Savior leads me

(찬송가 384장, 통 434장)

F. J. Crosby, 1875

R. Lowry, 1875

1. 나의 갈 길 다가 도록 예수 인 도하시 니
All the way my Sav-ior leads me; What have I to ask be-side?
올 더 웨어 마이 쎄이뷔어 리즈 미 월 해브 아이 투애스크 비싸이드

2. 나의 갈 길 다가 도록 예수 인 도하시 니
All the way my Sav-ior leads me; Cheers each wind- ing path I tread
올 더 웨이 마이 쎄이뷔어 리즈 미 치어쓰 이취 와인 딩 팥 아이 트레드

내 주 안 에있는 긍 휼 어찌 의 심하리 요
Can I doubt His ten- der mer- cy, Who thro' life has been my guide?
캔 아이 다우트 히즈 텐 더 머 씨' 후 뜨루 라입 해즈 빈 마이 가이드

어 려 운 일당한 때 도 족한 은 혜주시 네
Gives me grace for ev-'ry tri- al, Feeds me with the liv- ing bread;
기브쓰 미 그레이쓰 포 에뷔리 트라이얼 휘즈 미 윋 더 리 뷩 브레드

믿음 으 로사는 자 는 하늘 위 로받겠 네
Heaven-ly peace, div-in-est com-fort, Here by faith in Him to dwell;
헤븐 리 피스 디바인니스트 컴 포트 히어 바이 훼이드 인 힘 투 드웰

나는 심 히고단 하고 영혼 매 우갈하 나
Though my we-ary steps may fal- ter, And my soul's a-thirst may be,
도우 마이 위 리 스텝스 메이 폴 터 앤드 마이 쏘울즈 어떠스트 메이 비

무슨 일 을만나 든 지 만사 형 통하리 라
For I know what-e'er be-fall me, Je-sus do-eth all things well
포 아이 노우 워 에어 비 폴 미 지져스 뒤 뜨 올 띵즈 웰

나의 앞 에반석 에서 샘물 나게하시 네
Gush-ing from the Rock be- fore me, Lo, a spring of joy I see
거 쉥 프람 더 락 비 포 미' 로우 어 스프링 업 조이 아이 씨

무슨 일 을만나 든 지 만사 형 통하리 라
For I know what-e'er be- fall me, Je-sus do-eth all things well.
포 아이 노우 워 에어 비 폴 미 지져스 뒤 뜨 올 띵즈 웰

나의 앞 에반석 에서 샘물 나게하시 네
Gush-ing from the Rock be - fore me, Lo, a spring of joy I see.
거 쉥 프람 더 락 비 포 미' 로우 어 스프링 업 조이 아이 씨

126

나의 갈 길 다 가도록 32

All the way my Savior leads me

(찬송가 384장, 통 434장)

F. J. Crosby, 1875

R. Lowry, 1875

3. 나의 갈 길 다가 도록 예수 인 도하시 니
All the way my Sav-ior leads me; Oh the full – ness of His love!
올 더 웨이 마이 쎄이뷔어 리즈 미 오우 더 풀 네스 업 히즈 럽

그 의 사 랑어찌 큰 지 말로 할 수없도 다
Per-fect rest to me is prom-ised In my Fa- ther's house a- bove;
퍼 풷트 뤠스트 투 미 이즈 프롸미쓰드 인 마이 퐈 터스 하우스 어 법

성 령 감 화받은 영혼 하늘 나 라갈때 에
When my spir – it clothed, im – mor – tal, Wings its flight to realms of day,
웬 마이 스삐 릿 클로운 이 모 틀 윙즈 이츠 플롸이트 투 렘스 업 데이

영 영 부 를나의 찬 송 예수 인도하 셨 네
This my song thro' end-less a-ges Je-sus led me all the way
디스 마이 쏭 뜨루 엔들리스 에이지스 지져스 렌 미 올 더 웨이

영영 부 를나의 찬 송 예수 인도하 셨 네 아 멘
This my song thro' end-less a – ges Je-sus led me all the way. A – men.
디스 마이 쏭 뜨루 엔들리스 에이지스 지져스 렌 미 올 더 웨이 아 멘

33 주 안에 있는 나에게

The trusting heart to Jesus clings

(찬송가 370장, 통 455장)

E. E. Hewitt, 1898

W. J. Kirkpatrick, 1898

1. 주안 에있 는 나에게 딴 근심있 으랴
The trust - ing heart to Je - sus clings, Nor an - y ill fore - bodes.
더 트뤄스 팅 하트 투 지져 스 클링스 노어 애 니 일 포어 보우즈

2. 그두 려움 이 변하여 내 기도되 었고
The pass-ing days bring man - y cares. "Fear not," I hear Him say;
더 패 씽 데이즈 브링 매 니 케어즈 휘어 낱 아이 히어 힘 쎄이

십자 가밑 에 나 아가 내 짐을풀 었 네
But at the cross of Calv-'ry sings, "Praise God for lift - ed loads!"
벝 앹 더 크로쓰 어브 캘버 뤼 씽쓰 프뤠이즈 갇 훠 립티 드 로우즈

전날 의한 숨 변 하여 내 노래되 었 네
And when my fears are turned to prayers, The bur-dens slip a - way.
앤드 웬 마이 휘어즈 아 턴드 투 프뤠어 더 버 든즈 슬립 어 웨이

주님을찬 송 하 면서 할렐루야 할렐루야
Sing-ing I go a-long life's road, Prais-ing the Lord, prais-ing the Lord;
씽 잉 아이 고우 얼 롱 라입스 로웃 프레이 징 더 로오드 프레이 징 더 로오드

내앞길멀고 힘 해도 나 주님만따라가 리
Sing-ing I go a-long life's road, For Je-sus has lift-ed my load.
씽 잉 아이 고우 얼 롱 라입스 로웃 훠 지져스 해즈 립 틷 마이 로우드

주 안에 있는 나에게 　33
The trusting heart to Jesus clings
(찬송가 370장, 통 455장)

E. E. Hewitt, 1898　　　　　　　　　　　　　　W. J. Kirkpatrick, 1898

3. 내주 는자 비 하 셔서늘함께계 시 고
He tells me of　my　Fa - ther's love, And nev-er slum-b'ring eye;
히 텔즈 미 업　마이 퐈 더쓰 럽　앤드 네 버 슬럼 브링 아이

4. 내주 와맺 은 언 약은영 불변하 시 니
When to the　throne of　grace I flee, I find the prom-ise true;
웬 투 더 뜨로운 업 그레이스 아이 플리 아이 화인드더 프롸미 스 트루

내궁 핍함 을 아 시고늘 채 워주시 네
My ev - er - last - ing King a - bove Will　all my needs sup - ply.
마이 에 뷔 래 스 팅　킹 어 법 월 올 마이 니즈 써플 라이

그나 라가 기 까 지는늘 보 호하시 네
The might - y arms　up - hold-ing me Will　bear my bur - dens too.
더 마이 티 암즈 업 호울 딩 미 월 베어 마이 버 든즈 투

주님을찬 송 하 면서 할렐루야 할렐루야
Sing-ing I　go a - long life's road, Prais-ing the Lord, prais-ing the Lord;
쌍 잉 아이 고우 얼 롱 라입스 로웃 프레이징 더 로오드 프레이징 더 로오드

내앞길멀 고 험 해도 나 주님만따라가 리
Sing-ing I　go a - long life's road, For Je-sus has lift-ed my load.
쌍 잉 아이 고우 얼 롱 라입스 로웃 훠 지저스 해즈 립 틛 마이 로우드

34 주의 친절한 팔에 안기세

What a fellowship, what a joy divine

(찬송가 405장, 통 458장)

E. A. Hoffman, 1887

A. J. Showalter, 1887

1. 주의 친절한 팔에 안기세 우리 맘이 평안 하리니
What a fel-low-ship, what a joy di-vine, Lean-ing on the ev-er-last-ing arms;
윌 어 펠로우 쉽 왈 어 죠이 디봐인 리 닝 온 더 에 뷔 래스팅 암쓰

2. 날이 갈수록 주의 사랑이 두루 광명하게 비치고
Oh, how sweet to walk in this pil-grim way, Lean-ing on the ev-er-last-ing arms;
오 하우 스윌 투 워크 인 디쓰 필 그림 웨이 리 닝 온 더 에 뷔 래스팅 암쓰

항상 기쁘고 복이 되겠네 영원 하신 팔에 안기 세
What a bless-ed-ness, what a peace is mine, Lean-ing on the ev-er-last-ing arms.
원 어 블레씨드 니쓰 윌 어 피쓰 이즈 마인 리 닝 온 더 에 뷔 래스 팅 암쓰

천성 가는 길 편히 가리니 영원 하신 팔에 안기 세
Oh, how bright the path grows from day to day, Lean-ing on the ev-er-last-ing arms.
오 하우 브롸이트 더 패쓰 그로우쓰 프람 데이 투데이 리 닝 온 더 에 뷔 래스 탕 암쓰

주 의 팔 에 그 크신 팔에 안기 세
Lean - ing, lean - ing, Safe and se - cure from all a - larms;
리 닝 리 닝 쎄이프 앤드 씨 큐어 프람 올 암 쓰

주 의 팔 에 영원 하신 팔에 안기 세
Lean - ing, lean - ing Lean-ing on the ev-er-last - ing arms.
리 닝 리 닝 리 닝 온 더 에뷔 래스 탕 암쓰

주의 친절한 팔에 안기세 34

What a fellowship, what a joy divine

(찬송가 405장, 통 458장)

E. A. Hoffman, 1887   A. J. Showalter, 1887

3. 주의보좌로 나아갈때에 기뻐찬미소리 외치고

What have I to dread, what have I to fear, Lean-ing on the ev－er－last-ing arms;

월 해브 아이 투 드뤠드 월 해브 아이 투 퓌어 리 닝 온 더 에 뷔 래스 팅 암쓰

겁과두려움 없어지리니 영원하신팔에 안기세

I have bless-ed peace with my Lord so near, Lean-ing on the ev－er－last-ing arms.

아이 해브 블레쓰트 피쓰 위드 마이로오드 쏘 니어 리 닝 온 더 에 뷔 래스 팅 암쓰

주 의 팔 에 그 크신팔에 안기세

Lean － ing, lean － ing, Safe and se-cure from all a－larms;

리 닝 리 닝 쎄이프 앤드 씨큐어 프람 올 암 쓰

주 의 팔 에 영원하신팔에 안기세

Lean － ing, lean － ing Lean-ing on the ev－er－last-ing arms.

리 닝 리 닝 리 닝 온 더 에 뷔 래스 팅 암쓰

35 구주와 함께 나 죽었으니

Dying with Jesus, by death reckoned mine

(찬송가 407장, 통 465장)

D. W. Whittle, 1893   M. W. Moody, 1893

1. 구주와함께나죽었으니   구주와함께나살았도다
Dy-ing with Je-sus, by death reck-oned mine   Liv-ing with Je-sus, a new life di-vine;
다 잉 위드 지져쓰 바이 데쓰 레껀드 마인   리 빙 위드 지져스 어 뉴라이프 디바인

2. 맘속에시험을받을때와   무거운근심이있을때에
Nev-er a tri-al that He is not there,   Nev-er a bur-den that He doth not bear;
네 버 어 트롸이얼 댙 히 이즈낱 데어   네 버 어 버 든 댙 히 덭 낱 베어

영광의 기약이 이르도록   언제나 주만 바라봅니다
Look-ing to Je-sus till glo-ry doth shine,   Mo-ment by mo-ment, O Lord, I am Thine.
루 킹 투 지져쓰 틸 글로리 도뜨 샤인   모 먼트 바이 모먼트 오로오드 아이 앰 다인

주께서그때도같이하사   언제나나를 도와주시네
Nev-er a sor-row that He doth not share,   Mo-ment by mo-ment I'm un-der His care
네 버 어 쏘로우 댙 히 도드 낱 쉐어   모 먼트 바이모 먼트 아임 언더 히스케어

언제나주는날사랑하사   언제나새생명 주시나니
Mo-ment by mo-ment I'm kept in His love;   Mo-ment by mo-ment I've life from a-bove;
모 먼트 바이 모 먼트 아임 켚트 인 히스 러브   모 먼트 바이 모먼트 아이브라이프프람 어버브

영광의그날에 이르도록   언제나주만 바라봅니다
Look-ing to Je-sus till glo-ry doth shine;   Mo-ment by mo-ment, O Lord, I am Thine.
룩 킹 투 지져쓰 틸 글로 리도드 샤인   모 먼트 바이 모 먼트 오로오드 아이 앰 다인

구주와 함께 나 죽었으니 35

Dying with Jesus, by death reckoned mine

(찬송가 407장, 통 465장)

D. W. Whittle, 1893

M. W. Moody, 1893

3. 뼈아픈눈물을흘릴때와   쓰라 린맘으로탄식할 때
Nev-er a heart-ache and nev-er a groan,   Nev-er a tear-drop and nev-er a moan;
네 버 어 하테 일 앤드 네 버 어 그로운   네 버 어 티어드랖 앤드 네 버 어 모운

4. 내몸의약함을아시는주   못고 칠질병이아주없 네
Nev-er a weak-ness that He doth not feel,   Nev-er a sick-ness that He can-not heal;
네버 어 윅니쓰 댙 히 도드 낱 필   네 버 어 씩니쓰 댙 히 캔낱 힐

주께서그때도같이하사   언제나 나를 생각 하시 네
Nev-er a dan-ger, but there on the throne,   Mo-ment by mo-ment, He thinks of His own.
네 버 어 데인져 벌 데어 온 더 뜨론   모 먼트 바이 모먼트   히 띵스어브히스오운

괴로운날이나기쁜때 나   언제나 나와 함께 계시 네
Mo-ment by mo-ment, in woe or in weal,   Je-sus, my Sav-ior, a-bides with me still.
모먼트 바이 모 먼트 인 우 오어 인 윌   지져쓰 마이 쎄이뷔어 어바이즈 위드 미 스틸

언제나주는날사랑하 사   언제나새생명 주시나 니
Mo-ment by mo-ment I'm kept in His love;   Mo-ment by mo-ment I've life from a-bove;
모 먼트 바이 모 먼트 아임 켚트 인히스 러브   모 먼트 바이 모먼트 아이브 라이프 프람 어-버브

영광의그날에 이르도록   언제나주만 바라봅니다 아 멘
Look-ing to Je-sus till glo-ry doth shine;   Mo-ment by mo-ment, O Lord, I am Thine. A - men.
룩 킹 투 지져쓰 틸 글로리 도드 샤인   모 먼트 바이 모먼트 오로오드 아이 앰다인 아   멘

36 내 기도하는 그 시간
Sweet hour of prayer
(찬송가 364장, 통 482장)

W. W. Walford, 1845

W. B. Bradbury, 1874

1. 내 기 도 하 는 그 시 간 그 때 가 가 장 즐 겁 다
Sweet hour of prayer, sweet hour of prayer, That calls me from a world of care,
스윗 아워 업 프레어 스윗 아워 업 프레어 댓 콜즈 미 프람 어 월드 업 케어

2. 내 기 도 하 는 그 시 간 내 게 는 가 장 귀 하 다
Sweet hour of prayer, sweet hour of prayer, The joys I feel, the bliss I share
스윗 아워 업 프레어 스윗 아워 업 프레어 더 조이 아이 휠 더 블리쓰 아이 쉐어

이 세 상 근 심 걱 정 에 얽 매 인 나 를 부 르 사
And bids me at my Fa-ther's throne, Make all my wants and wish-es known!
앤드비즈 미 앳 마이 화 더즈 뜨로운 메이크 올 마이 원츠 앤드 위쉬 즈 노운

저 광 야 같 은 세 상 을 끝 없 이 방 황 하 다 가
Of those whose anx-ious spir - its burn With strong de-sires for Thy re-turn!
업 도우즈 후즈 앵셔스 스피 릿 번 윗 스트롱 디자여즈 포 다이 리 턴

내 진 정 소 원 주 앞 에 낱 낱 이 바 로 아 뢰 어
In sea-sons of dis - tress and grief, My soul has of - ten found re-lief,
인 씨 즌스 업 디스 트렛 앤드그리프 마이 쏘울 해즈 오 픈 파운드 릴맆

위 태 한 길 로 나 갈 때 주 께 서 나 를 이 끌 어
With such I has-ten to the place Where God, my Sav-ior, shows His face.
위드 서취 아이 헤이슨 투 더 플레이스 웨어 갓 마이 세이버 쇼우스 히즈 훼이스

큰 불 행 당 해 슬 플 때 나 위 로 받 게 하 시 네
And oft es-caped the tempt-er's, snare By Thy re - turn sweet hour of prayer.
앤드 옵트 이스케잎트 더 템프 터스 스네어 바이 다이 뤼 턴 스윗 아워 업 프레어

그 보 좌 앞 에 나 아 가 큰 은 혜 받 게 하 시 네
And glad-ly take my sta-tion there, And wait for Thee, sweet hour of prayer.
앤드 글랫리 테이크 마이 스테이션 데어 앤드 웨잇 포 디 스윗 아워 업 프레어

내 기도하는 그 시간

Sweet hour of prayer

(찬송가 364장, 통 482장)

W. W. Walford, 1845

W. B. Bradbury, 1874

3. 내 기 도 하 는 그 시 간 그 때 가 가 장 즐 겁 다

Sweet hour of prayer, sweet hour of prayer, Thy wings shall my pe-ti-tion bear
스윗 아워 업 프뤠어 스윗 아워 업 프뤠어 다이 윙즈 쉘 마이 피티 션 베어

4. 내 기 도 하 는 그 시 간 그 때 가 가 장 즐 겁 다

Sweet hour of prayer, sweet hour of prayer, Our Lord Him-self knew glad-ness there;
스윗 아워 업 프뤠어 스윗 아워 업 프뤠어 오 로오드 힘 쎌프 뉴 글래드 니쓰 데어

이 때 껏 지 은 큰 죄 로 내 마 음 심 히 아 파 도

To Him, whose truth and faith-ful-ness En - gage the wait-ing soul to bless:
투 힘 후즈 트룻 앤드 훼잇 휠 네스 인 게이지 더 웨이 팅 소울 투 블레쓰

주 세 상 에 서 일 찌 기 저 요 란 한 곳 피 하 여

And of-ten-times, when thronged a-bout, Would slip a - way and seek it out,
앤드 오픈 타임즈 웬 뜨롱드 어바웃 우드 슬립 어웨이 앤드 씩 잇 아웃

참 마 음 으 로 뉘 우 쳐 다 숨 김 없 이 아 뢰 면

And since He bids me seek His face, Be-lieve His word, and trust His grace,
앤드 씬스 히 비즈 미 씩 히즈 훼이스 빌 리브 히즈 워드 앤드 트뤗 히즈 그레이스

빈 들 에 서 나 산 에 서 온 밤 을 새 워 지 내 사

And pray all night in field or hill, While all the clam'ring world grew still.
앤드 프레어 올 나잇 인 휠드 오어 힐 와일 올 더 클레므링 월드 그루 스틸

주 나 를 위 해 복 주 사 새 은 혜 부 어 주 시 네

I'll cast on Him my ev'ry care, And wait for Thee, sweet hour of prayer.
아일 캐슬 온 힘 마이 엡뤼 케어 앤드 웨잇 포 디 스윗 아워 업 프레어

주 예 수 친 히 기 도 로 큰 본 을 보 여 주 셨 네 아 멘

His ways to walk, His joys to share, 'Tis Thee we need, sweet hour of prayer. A - men.
히즈 웨잇 투 워크 히즈 조이 투 쉐어 티즈 디 위 니드 스윗 아워 업 프레어 아 멘

37 내 영혼이 은총 입어

Since Christ my soul from sin set free
(찬송가 438장, 통 495장)

C. F. Butler, 1898

J. M. Black, 1898

1. 내 영혼이 은총입어 중한죄 짐 벗고보 니
Since Christ my soul from sin set free, This world has been a heav'n to me;
씬쓰 크라이트 마이 쏘울 프람 씬 셑 프뤼 디스 월드 해즈 빈 어 헤븐 투 미

2. 주의얼굴 뵙기전 에 멀리뵈 던 하늘나 라
Once Heav-en seemed a far-off place, Till Je-sus showed His smil-ing face;
원쓰 헤븐 씸드 어 화롭 플레이쓰 틸 지 져쓰 쇼우드 히즈 스마일링 훼이스

슬픔많 은 이세상 도 천국으 로 화하도 다
And 'mid earth's sor-rows and its woe, 'Tis Heav'n my Je-sus here to know.
앤드미드 어쓰 쏘오 루쓰 앤드 잍츠 우 티스 헤븐 마이 지져 쓰 히어 투 노우

내맘속 에 이뤄지 니 날로날 로 가깝도 다
Now it's be-gun with-in my soul, 'Twill last while end-less a-ges roll.
나우 이츠 비 건 위 딘 마이 쏘울 틸 래스트 와일 엔들 리쓰 에 이지스 로울

할렐루 야 찬양하 세 내모든 죄 사함받 고
O hal-le-lu-jah, yes, 'tis heav'n 'Tis heav'n to know my sins for-giv'n;
오 할 렐 루 야 예스 티스 헤븐 티스 헤븐 투 노우 마이 씬쓰 훠 기븐

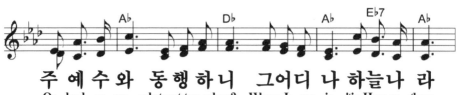

주 예수와 동행하니 그어디 나 하늘나 라
On land or sea, what mat-ters where? Where Je-sus is, 'tis Heav-en there.
온 랜드 오어 씨 휫 매터스 웨어 웨어 지져쓰 이즈 티스 헤븐 데어

내 영혼이 은총 입어   37

Since Christ my soul from sin set free

(찬송가 438장, 통 495장)

C. F. Butler, 1898   J. M. Black, 1898

3. 높은산이 거친들 이 초막이 나 궁궐이 나

What matters where on earth we dwell? On mountain top or in the dell,

웥 매터스 웨어 온 어뜨 위 드웰 온 마운틴 탑 오어인 더 델

내주예 수 모신곳 이 그어디 나 하늘나 라

In cot-tage or a mansion fair, Where Je-sus is 'tis Heav-en there.

인 카티지 오어 어 맨션 훼어 웨어 지저스 이즈 티스 헤 븐 데어

할렐루 야 찬양하 세 내모든 죄 사함받 고

O hal-le-lu-jah, yes, 'tis heav'n 'Tis heav'n to know my sins for-giv'n;

오 할 렐 루 야 예스 티스 헤븐 티스 헤븐 투 노우 마이 씬쓰 훠 기븐

주예수와 동행하니 그어디 나 하늘나 라

On land or sea, what mat-ters where? Where Je-sus is, 'tis Heav-en there.

온 랜드 오어 씨 훳 매터스 웨어 웨어 지져 쓰 이즈 티스 헤븐 데어

38 주 음성 외에는

I need Thee every hour
(찬송가 446장, 통 500장)

A. S. Hawks, 1872

R. Lowry, 1872

1. 주 음 성외에 는 참 기 쁨없도 다
I need Thee eve-ry hour, Most gra-cious Lord;
아이 닛 디 에브 뤼 아워 모우스트 그 레 이셔쓰 로드

2. 나 주 께왔으 니 복 주 시옵소 서
I need Thee eve-ry hour, Stay Thou near-by
아이 닛 디 에브 뤼 아워 스떼이 다우 니어 바이

날 사 랑하신 주 늘 계 시옵소 서
No ten-der voice like Thine Can peace af-ford.
노 텐 더 보이스 라잌 다인 캔 피쓰 어 포드

주 함 께계시 면 큰 시 험이기 네
Temp-ta-tions lose their pow'r When Thou art nigh.
템 테 이션 루즈 데어 파워 웬 다우 아트 나이

기 쁘 고기쁘 도다 항 상기쁘 도다
I need Thee, O I need Thee; Ev-ery hour I need Thee!
아이 닛 디 오우아이 닛 디 엡 뤼 아워 아이 닛 디

나 주 께왔사 오 니복 주 옵소 서
O bless me now, my Sav-ior, I come to Thee.
오 블레쓰 미 나우 마이 세이 뷔어 아이 컴 투 디

주 음성 외에는

I need Thee every hour

(찬송가 446장, 통 500장)

A. S. Hawks, 1872

R. Lowry, 1872

38

3. 주 떠 나가시 면   내 생 명헛되 네

I need Thee eve-ry hour,   In joy   or   pain;

아이 닛 디 에브뤼 아워   인 쵸이   오어   페인

4. 그 귀 한언약 을   이 루 어주시 고

I need Thee eve-ry hour,   Teach me   Thy   will;

아이 닛 디 에브뤼 아워   티치 미   다이   윌

즐 겁 고슬플 때   늘 계   시옵소 서

Come quick-ly and a-bide,   Or life   is   vain.

컴 퀵 리 앤 어바읻   오어 라이프   이즈   베인

주 명 령따를 때   늘 계   시옵소 서

Thy prom-is-es so rich   In me   ful-fill.

다이 프롸 미시 즈 소우 뤼치   인 미   풀   휠

기 쁘 고기쁘 도다   항 상기쁘 도다

I need Thee, O I need Thee;   Ev-ery hour I need Thee!

아이 닛 디 오우아이 닛 디   엡 뤼 아워 아이 닛 디

나 주 께왔사 오니복 주 옵소 서 아 멘

O bless me now, my Sav-ior, I come to Thee.   A-men.

오 블레쓰 미 나우 마이 세이 뷔어 아이 컴 투 디   아 멘

내 구주 예수를 더욱 사랑 39

More love to Thee

(찬송가 314장, 통 511장)

E. P. Prentiss, 1856

W. H. Doane, 1870

A♭ E♭ B♭7 E♭
3. 이 세상떠 날때 찬 양하고
Then shall my lat - est breath Whis - per Thy praise;
덴 쉘 마이 래이티 스트 브뤠스 위스 퍼 다이 프레이즈
A♭ B♭m A♭ E♭ A♭
숨 질때 하 는말 이 것일 세
This be the part - ing cry My heart shall raise.
디스 비 더 파 팅 크롸이 마이 하트 쉘 뤠이즈
D♭ A♭ E♭7 A♭
다 만내 비 는말 내 구주 예 수를
This still its prayer shall be: More love, O Christ, to Thee,
디스 스틸 잇쯔 프레어 쉘 비 모어 러브 오 크라이스트 투 디
D♭ A♭ B♭m A♭ E♭ A♭ D♭ A♭
더 욱사 랑 더 욱사 랑 아 멘
More love to Thee, More love to Thee! A - men.
모어 러브 투 디 모어 러브 투 디 아 멘

40 신자 되기 원합니다
Lord, I want to be a Christian
(찬송가 463장, 통 518장)

Afro-American Spiritual

Arr. by The Work brothers, 1907

1. 신자 되 기원합 니다진심으 로 진심으 로
Lord, I want to be a Chris-tian In my heart, In my heart;
로오드 아이 원 투비 어 크리스 쳔 인 마이 하트 인 마이 하트

2. 사 랑 하 기원합 니다진심으 로 진심으 로
Lord, I want to be more lov-ing In my heart, In my heart;
로오드 아이 원 투비 모어 러빙 인 마이 하트 인 마이 하트

신자 되 기원합 니다진심으 로
Lord, I want to be a Chris-tian In my heart.
로오드 아이 원 투 비어 크리스쳔 인 마이 하트

사 랑 하 기원합 니다진심으 로
Lord, I want to be more lov-ing In my heart.
로오드 아이 원 투 비 모어 러빙 인 마이 하트

진심으 로 진심으 로
In my heart, In my heart,
인 마이 하트 인 마이 하트

신 자 되 기원합 니 다진심으 로
Lord, I want to be a Chris - tian In my heart.
로오드 아이 원 투 비어 크리스 쳔 인 마이 하트

사 랑 하 기원합 니 다진심으 로
Lord, I want to be more lov - ing In my heart.
로오드 아이 원 투 비 모어 러빙 인 마이 하트

신자 되기 원합니다

Lord, I want to be a Christian

(찬송가 463장, 통 518장)

Afro-American Spiritual　　　　　　　　　**Arr. by The Work brothers, 1907**

3. 거룩 하 기원합 니다 진심으 로 진심으 로
Lord, I want to be more ho-ly In my heart, in my heart;
로오드 아이 원 투 비 모어 호울리 인 마이 하트 인 마이 하트

4. 예수 닮 기원합 니다 진심으 로 진심으 로
Lord, I want to be like Je-sus In my heart, in my heart;
로오드 아이 원 투 비 라익 지져스 인 마이 하트 인 마이 하트

거 룩 하 기원합 니 다진심으 로
Lord, I want to be more ho - ly In my heart.
로오드 아이 원 투 비 모어 호울 리 인 마이 하트

예 수 닮 기원합 니 다 진심으 로
Lord, I want to be like Je - sus In my heart.
로오드 아이 원 투 비 라익 지져 스 인 마이 하트

진심으 로 진심으 로
In my heart, In my heart,
인 마이 하트 인 마이 하트

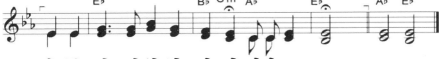

거 룩 하 기원합 니 다진심으 로
Lord, I want to be more ho - ly In my heart.
로오드 아이 원 투 비 모어 호울리 인 마이 하트

예 수 닮 기원합 니 다진심으 로 아 멘
Lord, I want to be like Je - sus In my heart. A - men.
로오드 아이 원 투 비 라익 지져스 인 마이 하트 아 멘

땡큐한글 첫걸음
한국어 소리글 따라 말하기

몽골문본 Монгол Бичвэр	Солонгос-Монгол хэл дээрх хамгийн алдартай Сумийн дууллууд		
영문본 English Version	Favorite Hymns in Korean-English		
스페인어본 Versión en Español	Himnos Favoritos en Coreano-Español		
일문본 日本語版	韓国語と日本語の 好きな賛美歌		
중문본 中文版	最喜欢的韩汉赞美诗		

페이지 : 144쪽
정 가 : 12,000원
전자책 : $ 10 US
ISBN 978-89-94945-81-1
국민은행 : 675201-00-008652 (예금주 오영희)
Website: www.thankyouhangul.com